W9-CNC-102

Salud y Sabor

Salud y Sabor

Cocina para diabéticos

Luly López Arias

Número de Control de la Biblioteca del Congreso: 2010942973

ISBN: Tapa Dura   978-1-6176-4305-7

                          Tapa Blanda   978-1-6176-4307-1

                          Libro Electrónico   978-1-6176-4306-4

Este Libro fue impreso en los Estados Unidos de América.

Para ordenar copias adicionales de este libro, contactar:
Palibrio
1-877-407-5847
www.Palibrio.com
ordenes@palibrio.com
321718

ÍNDICE

RECETAS

ANEXO

Con amor a mi familia, quienes siempre me apoyan y acompañan:

A mi esposo—Riqui;
A mi madre—Doris;
A mis hijos—Ricardo y Arnaldo;
A mi hija del corazón—Jimena;
A mi nieto—Enzo, el sol de mis días;
A mi padre—Carmelo, quien ya no está;
A mi tía—Kika, madre del corazón.

AGRADECIMIENTOS

Quiero agradecer profundamente a quienes me apoyaron moralmente, me dieron asistencia técnica y/o profesional, para que pueda hacer realidad este trabajo:

- A Dios.
- A mi esposo Riqui, mi incondicional compañero.
- Dra. Jimena V. Galeano Ramaccioni (R. P.: N° 7701) por su aporte médico y técnico.
- Chef Víctor Molina, el Maestro, quien me honra con su amistad.
- Sobrino del corazón: Justin Vas, por su dibujo.

PRÓLOGO

Luly: Espero que la gente disfrute comiendo tus exquisitas recetas y así de esta manera poder cuidar su salud de una mejor manera, yo ya las practico, si bien no soy diabético, pero no es necesario serlo como para comenzar a cuidarse, no siempre hay que llegar a los extremos para tomar conciencia de que nuestro cuerpo es el único que tenemos y hay que cuidarlo como si fuera oro.

También les digo que se van a encontrar con muchas buenas ideas y exquisitos sabores teniendo en cuenta que yo como profesional he tenido y sigo teniendo la suerte de trabajar con Luly y se de los quilates de ella como profesional, por eso me aventuro a recomendar esta propuesta para la que tanto trabajo con esmero y sin descanso, se que será un libro de consulta para todos los que padecen de esta patología.

Bueno me despido y los dejo, me voy a degustar lo que estuve practicando . . . Disfrútenlos.

Muchos cariños.

Chef Víctor Molina

LA AUTORA

Históricamente el hombre ha hecho de las comidas una actividad social, en muchos casos con grandes abusos, pero hoy existe un creciente interés en la elaboración de comidas nutritivas, sanas, rápidas y económicas, apta para responder las necesidades de la vida moderna, como medida preventiva a diferentes patologías que están ligadas, muchas, a una incorrecta alimentación, o como paliativo de otras.

Pasado un tiempo que me diagnosticaran diabetes, comprendí que el vivir con un problema de salud como éste, entre otras patologías que son de por vida, requiere una cuestión de **ACTITUD** frente al problema. La aceptación es fundamental.

La alimentación dentro de un buen tratamiento para la diabetes, es uno de los pilares fundamentales. Así fue, como apasionada y profesional de la cocina, que comencé la creación de platos simples, prácticos, rápidos, para una dienta rica, saludable, que podamos compartir en familia. Primero las realice para mí, luego para amigos, ahora las quiero compartir con Ustedes, y romper con el mito que "comer sano es comida sin sabor", (controlado siempre por médicos y nutricionistas).

Cada receta está realizada con amor y espero que las disfruten y aprendan como yo a **CUIDARSE SIN MIEDOS Y CON RESPONSABILIDAD** para una mejor calidad de vida.

Gracias!!! Luly López Arias

A QUIEN SABE LEER

. . ."Aprecio el brindis del que está lejos.
Y de quien aquí, en la casa de al lado
brinda en silencio por la vida.
Aprecio la ocasión que me das
de entrar en tu casa y, sin molestar
susurrarte una receta o un poema
y salir de nuevo, sin hacer ruido
para volver a mi silencio
dedicándote una sonrisa" . . .
Fragmento de *Modesto Amestoy*

INTRODUCCIÓN

¿QUÉ ES LA DIABETES?

La diabetes es una enfermedad del metabolismo, el proceso que convierte el alimento que ingerimos en energía. La característica principal es la *hiperglucemia* producida por defectos en la secreción o en la acción de la insulina, siendo ésta el factor más importante en aquél proceso. Sin embargo afecta también el metabolismo de las proteínas y las grasas. Durante la digestión se descomponen los alimentos en glucosa, la mayor fuente de energía para el cuerpo. Esta glucosa pasa a la sangre, donde la insulina, una hormona segregada por el páncreas (glándula ubicada detrás del estómago), le permite entrar en las células, la cual es utilizada finalmente por el cuerpo como combustible.

El problema principal es que la hiperglucemia se asocia, a largo plazo, con daño o disfunción de de varios órganos, principalmente corazón, vasos sanguíneos, riñones, ojos (retina) y nervios periféricos. La *enfermedad cardiovascular* es la principal causa de muerte entre los diabéticos.

Es una entidad muy frecuente que afecta del 5 al 10 % de la población adulta argentina. Y se calcula que por cada persona diabética, hay una que desconoce serlo. La frecuencia aumenta con la edad, siendo mayor en personas entre 60 y 70 años. Se estima que para el año 2025 habrá en el mundo 300 millones de diabéticos.

CLASIFICACIÓN DE LA DIABETES

Se conocen 4 tipos de diabetes:

1) Diabetes tipo 1;
2) Diabetes tipo 2;
3) Diabetes gestacional (del embarazo) y
4) Otros tipos de diabetes.

La *diabetes tipo 1* (antes llamada insulinodependiente). Afecta al 10% de los diabéticos. Se produce cuando existe una destrucción parcial o total de las células del páncreas encargadas de producir insulina, por lo cual requieren de la misma en forma exógena para controlar el metabolismo. Afecta por lo general a personas menores de 40 años y es la que se manifiesta durante la infancia.

La *diabetes tipo 2* (antes llamada no insulinodependiente) es la más frecuente, afectando al 90% de los diabéticos. Se produce por una falla en la respuesta periférica a la insulina secretada (insulinoresistencia) aunque también puede existir insuficiencia en su secreción. Afecta con más frecuencia a mayores de 40 años y está asociada con obesidad en un 60 % de los casos.

La *diabetes gestacional*, es justamente la que se manifiesta durante el embarazo. Afecta a mujeres mayores de 25 años, por lo general obesas y que tienen antecedentes familiares de diabetes o personales de intolerancia a la glucosa y antecedentes de partos de bebés de más de 4 kg. Este tipo de diabetes puede desparecer luego del parto aunque, por lo general, tienen mayor predisposición de desarrollar diabetes en un futuro. Se asocia con un mayor riesgo de enfermedad perinatal.

Entre los otros tipos de diabetes se citan varias causas: desde infecciones hasta síndromes genéticos.

No existe una cura para la diabetes. Por lo tanto, el método de cuidar su salud para personas afectadas por este desorden, es controlarlo. A pesar de todos los avances en el tratamiento de la diabetes, la educación del paciente sobre su propia enfermedad sigue siendo la herramienta fundamental para el control de la diabetes.

Un buen control de los niveles de azúcar en sangre es posible mediante las siguientes medidas básicas:

1) Un plan alimentario (con la supervisión de un nutricionista);
2) Actividad física;
3) Ingesta correcta de medicamentos, (con la supervisión permanente de médico);
4) Control y tratamiento de la dislipidemia e hipertensión;
5) Prevención y manejo de las complicaciones agudas y crónicas;
6) Educación tanto al paciente como a familiares y controles periódicos del nivel de azúcar (glicemia) en la sangre.

PLAN ALIMENTARIO

En este libro profundizaremos lo que respecta al *plan alimentario*, el cual es uno, como ya dijimos, de los pilares fundamentales en el tratamiento y control de la diabetes.

Es básico entender que el *objetivo* de una alimentación equilibrada, para la población general, significa aportar nutrientes y energía (medida en calorías) al organismo para que éste funcione correctamente y para prevenir enfermedades. Ahora bien, *alimento* es toda sustancia capaz de aportar al organismo nutrientes no calóricos (vitaminas y minerales) y calóricos (hidratos de carbono, proteínas y grasas).

- **Hidratos de carbono:**

  ✓ Aportan 4 calorías por gramo.
  ✓ Representan el 50—55 % de las calorías totales ingeridas.
  ✓ Hidratos de carbono simples (de absorción rápida): glucosa, sacarosa (azúcar común). Con elevada capacidad de elevar la glucemia en sangre.
  ✓ Hidratos de carbono complejos: almidones, fibras.

- **Proteínas:**

  ✓ Aportan 4 calorías por gramo.
  ✓ Representan el 15—20 % de las calorías totales ingeridas.
  ✓ Las de origen animal son las más apreciadas: leche, carnes, huevos, etc.

- **Grasas:**

  ✓ Aportan 9 calorías por gramo.
  ✓ Representan el 25—35 % de las calorías totales ingeridas.
  ✓ Grasas saturadas: derivadas de productos animales como manteca, tocino, quesos, cremas. Elevan el colesterol en sangre.
  ✓ Grasas insaturadas: pescados de carnes grasas (atún caballa, sardina, trucha, aceite de maíz, de girasol, de azafrán y de soja); aceite de oliva, de maní.

En el *plan alimentario* de un paciente con diabetes se debe tener importancia tanto a la hiperglucemia, como a la dislipidemia y a la hipertensión si es que se asocia a alguna de ellas. De todos modos aunque no se presenten las dos últimas, es recomendable una dieta con bajo contenido en sodio y grasas para prevenir su desarrollo.

Sin lugar a dudas, la alimentación de un paciente con diabetes debe estar planeada en forma cuidadosa por un especialista (nutricionista). Las necesidades individuales son diferentes para cada paciente en particular, teniendo en cuenta el tipo de diabetes, el peso corporal, la actividad física que realiza el paciente, el ritmo de vida diario, los horarios de administración de medicamentos y la colaboración del paciente.

El objetivo de las dietas es detener los síntomas lo antes posible aunque reduciendo el riesgo de hipoglucemias, sobre todo en los diabéticos tipo I. Las mismas ayudan a prevenir las complicaciones a largo plazo como los padecimiento cardíacos, renales, oculares entre otras. De allí la importancia de implementar cuanto antes un plan alimentario.

El fraccionamiento de la ingesta diaria como mínimo debe ser de 4 comidas para el diabético tipo 2 y de 4 comidas más 2 colaciones para el diabético tipo 1.

La *dieta* para un paciente con diabetes debe ser:

- Hipocalórica teniendo en cuenta la necesidad de pérdida de peso del paciente.
  - Mujeres: 1000 a 1200 calorías.
  - Varones: 1200 a 1600 calorías.
- Hidratos de carbono: 45 a 65 %.
- Proteínas: 15 a 20 %.
- Grasas: 15 a 20 %.
- Evitar grasas saturadas.
- Aumentar la ingesta de alimentos ricos en fibras, legumbres, cereales, frutas, vegetales, productos de grano entero. Las fibras solubles reducen la hiperglucemia postprandial y disminuyen el colesterol malo (LDL).
- Usar edulcorantes no nutritivos: sacarina, aspartame, sucralosa en forma moderada.
- Limitar la ingesta de proteínas a 0.8 gr/kilo de peso del paciente con algún grado de daño renal.

"Se puede comer cualquier alimento mientras sea en una cantidad moderada, a excepción de los azucares de absorción rápida (dulces)"

LA COCINA DEL DIABÉTICO

Los diabéticos no necesitan cocinar de manera diferente, ni preparar sus comidas por separado de las del resto de sus familiares. Puede ser compartida por toda la familia, (esto sería lo ideal) ya que la misma es sana y debe ser sabrosa y apetecible.

El régimen debe ser durante toda la vida y en función de cada persona (edad, peso, sexo, etc.).

Los puntos más importantes a tener en cuenta son los siguientes:

- Cada enfermo **debe seguir las disposiciones de su médico.** Realizar controles periódicos de la glucemia para detectar y poder corregir posibles descompensaciones. Evitar el tabaco, el alcoholismo ya que es un riesgo de enfermedades cardiovasculares.
- *"La dieta debe ser individual, equilibrada y variada".* Comer sólo lo que necesita para alcanzar y mantener su peso ideal. Es conveniente distribuir sus alimentos diarios, (menor volumen de alimento, mejor control), adaptada al tratamiento médico y a la práctica de ejercicio físico.
- No a los alimentos y bebidas que contienen azúcar o que contienen hidratos de carbono, miel, mermelada, jugos y frutas, golosinas, chocolate y derivados.
- Limitar el porcentaje de grasas saturadas y colesterol (moderar el consumo de lácteos completos y los muy grasos, carnes grasas, huevos y sus derivados, vísceras), como prevención a largo plazo de enfermedades cardiovasculares.
- La dieta debe ser rica en fibras, verduras, legumbres, frutos secos, cereales integrales y fruta en las cantidades adecuadas a cada caso.
- Cuidar la ingesta de sal, sodio. La sal puede aumentar la tensión arterial y los pacientes con diabetes deberían limitar su ingesta, en especial si también son hipertensos, obesos o ambos.
- Horarios regulares de comidas y sin saltarse ninguna, ya que de no ser así se corre el riesgo de tener bajadas bruscas de azúcar en la sangre—hipoglucemia-. Es conveniente llevar siempre algún terrón de azúcar o un caramelo en el bolsillo por si aparece una hipoglucemia.
- Sustituir la carne o los huevos por pescado al menos cuatro veces por semana.

LA DEGUSTACIÓN Y LOS SENTIDOS

La alimentación humana nació junto con el hombre, ya que sería imposible vivir sin comida ni agua, esta necesidad llevó a los primitivos a buscar y adaptarse a las adversidades que el medio presentaba.

A través del tiempo ha ido cambiado. Sin dudas el cambio radical se produjo con la llegada del fuego, donde el ingenio, la curiosidad y la necesidad los llevó a realizar modificaciones en los alimentos. Comenzaron a "cocinar".

La comida, la bebida, etc., forma parte de la cultura de un pueblo. Éstas están cargadas de emociones y ligadas a circunstancias, acontecimientos sociales que nada tienen que ver con la estricta necesidad de comer, sino a otras prácticas sociales.

Desde tiempos antiguos se relacionan los sabores con los sentidos a la hora de degustar un alimento. Filósofos como Aristóteles, químicos como Chevreur, analizaban las sensaciones gustativas, táctiles y las características organolépticas de un producto.

Todos los sentidos deben estar en alerta a la hora de comer, poder sentir cada una de las características, que nos ofrece la preparación. El alimentarnos sanamente no es motivo de anular alguno de ellos, al contrario debemos ponerlos en práctica para poder gozar y alagarnos a cada momento.

Vista: Muchas de las cosas entran por la vista. La retina es la receptora de formas, colores, brillos, matices, alturas, etc. Los alimentos no son la excepción.

Oído: En donde se puede detectar el descorche de la botella, que puede ser por presión en el caso de los espumantes y por depresión en el caso de los vinos tranquilos y aquellos que no tienen el suficiente gas.

Olfato: La nariz es un conducto, no es el órgano olfativo, receptor de olores por vía nasal directa y vía nasal indirecta. Se comunica con el interior de la cavidad bucal por las fosas nasales. Encontramos en esta cavidad de 3 a 5 millones de receptores olfativos. Con la edad la sensibilidad a los olores va disminuyendo.

Gusto: La boca es el sector principal de la degustación. Encontramos la lengua, el paladar, la úvula o campanilla. No sólo degustamos, sino que en la boca comienza el proceso de digestión (masticación, salivación). En la lengua encontramos numerosas y minúsculas "vellosidades" llamadas papilas, donde se encuentran las células gustativas y táctiles (Krause) En la parte de adelante, es decir, en la punta de la lengua sentimos los dulces; en el centro lateral salado y ácido y en la parte de atrás, lo amargo.

COCINAR Y CONDIMENTAR

Preferir técnicas de cocción que menos grasa aportan a los alimentos, como: hervido, vapor, rehogado, plancha, horno y papillote.

- Utilizar moderadamente los fritos, rebozados, empanados, guisos y estofados (desgrasar en frío mejora su conservación y su calidad nutricional).
- Para que la comida resulte más apetitosa se pueden emplear diversos condimentos:

  - Ácidos: Vinagre y limón.
  - Aliáceos: Ajo, cebolla, cebolleta, cebollino, chalota, puerro.
  - Hierbas aromáticas: Albahaca, hinojo, comino, estragón, laurel, tomillo, orégano, perejil, mejorana, salvia.
  - Utilizar moderadamente las especias fuertes: pimienta (negra, blanca, cayena y verde).
  - El vinagre y el aceite (oliva y semillas) pueden ser macerados con hierbas aromáticas.
  - En la elaboración de salsas, los vinos u otras bebidas alcohólicas como ingrediente pueden hacer más sabrosa la preparación utilizada con moderación.
  - Para endulzar los postres pueden emplearse edulcorantes no calóricos o canela, vainilla, clavo de olor, para dar más sabor.

MÉTODOS DE COCCIÓN

Comer adecuadamente no es sólo elegir los alimentos apropiados, sino también cocinarlos debidamente, utilizando métodos de cocción saludables.

Las siguientes son buenas opciones a la hora de cocinar:

- **COCCIÓN AL VAPOR:** es cocer los alimentos con el vapor de agua, agua con hierbas, caldo, etc. caliente a unos 100°C. Utilizando una vaporera, para que los alimentos que vamos a cocer no tengan contacto con los alimentos. Así mantenemos todas las propiedades de los alimentos, vitaminas y minerales. El sabor, el olor y el color genuinos de los ingredientes frescos se mantienen. Podemos cocinar varios productos al mismo tiempo, carnes, vegetales, etc.

- **HERVIR:** los alimentos se cocinan por inmersión en agua o en caldo. Puede hacerse a presión normal o en olla a presión. A su vez es posible realizarla de diferentes modos: partiendo de agua fría o de agua caliente.

- **COCCIÓN A PRESIÓN:** para este método es necesario la olla a presión, la temperatura de ebullición aumenta por encima de los 100°C, por lo que se reduce el tiempo de cocción y hay una menor pérdida de nutrientes. Se puede hacer, por ejemplo un puchero poniendo todo junto.

- **HORNO:** el calor que se genera para este método es con algún tipo de combustible o eléctrico. Por ejemplo: pescados, carnes, aves, panes, frutas y verduras.

- **GRATINAR:** acabado superficial que se le da a un alimento para aportarle una coloración especial. Se realiza en horno.

- **BAÑO MARÍA:** cocción del alimento en un recipiente que se colocado dentro de otro que lleva agua caliente, que actúa como regulador de la temperatura para que el alimento se caliente de un modo suave y uniforme.

- **PAPILLOTE:** con esta técnica los alimentos conservan todas sus propiedades y sabor, ya que se hacen en su propio jugo. En cuanto al papel puede ser de aluminio, manteca, también bolsas especiales y film de plástico capaces de resistir las altas temperaturas. Se puede cocinar por separado o juntos todo tipo de carnes, verduras, frutas, etc., siempre teniendo en cuenta el tiempo de cocción de cada uno, evitando que unos queden duros y otros pasados. El tiempo de cocción puede ser entre los 10 y los 30 minutos en la mayoría de las preparaciones, con una temperatura constante de aproximadamente 180°, no se debe abrir el paquete hasta el momento de servir o comer.

- **SALTEADO:** cocción de los alimentos en poca cantidad de grasa, a fuego fuerte. Nosotros sólo utilizaremos unas gotas. Se utiliza en los alimentos crudos, como con una cocción previa

- **REHOGADO:** cocción con muy poca grasa, sólo para que no se pegue en la cacerola o sartén, de esta manera se fríe el alimento. El alimento puede estar crudo o previamente cocinado. Carnes y vísceras, pescados, frutas, verduras, cereales y pastas

- **AL VACÍO**: es un método de cocción muy habitual en las cocinas profesionales, no para los hogares. Ofrece resultados excepcionales, tanto en la conservación de nutrientes de los alimentos como en sabor y textura. Como no podía ser de otra forma, con esta técnica se cocina a baja temperatura, entre los 5 y los 95° C, respetando la estructura natural de los alimentos (proteínas, colágeno). No se produce evaporación ni dilución de los sabores en un caldo, el alimento se cocina en su propio jugo potenciando su sabor y el de los condimentos utilizados, y por otro lado, la ausencia de oxígeno evita la oxidación del producto.

- **MICROONDAS:** se trata sobre todo de un complemento, cada vez más indispensable en una cocina. No debe reemplazar al horno tradicional. Descongela, recalienta y cocina en minutos. Emiten ondas electromagnéticas dentro del aparato y actúan sobre las moléculas de agua que contienen los alimentos, el calor se propaga a todo el alimento rápidamente por conducción. Los utensilios no deben ser metálicos ya que el metal refracta las ondas

- **ESTOFADO—GUISADO:** (los utilizaremos como sinónimos) se cocina a fuego medio con poco líquido, tapando el recipiente, con el objeto de evitar la pérdida de líquidos por evaporación. El vapor hace que los sabores se mezclen entre sí. Ejemplo: estofado de chauchas, estofado de cabrito, cazuela de pollo.

- **ASADO: puede ser en:**

  - **Parrilla**: el calor puede ser por electricidad, gas, carbón, ondas infrarrojas o de leña. Por lo general la temperatura es alta. Los alimentos reciben el calor por radiación a una distancia adecuada. Ejemplo: aves, carnes, pescados, mariscos, verduras como cebollas, pimientos morrones, papas, etc.
  - **Brasas:** es similar se utiliza carbón o leña y se aplica a los mismos alimentos.
  - **Plancha:** se realiza en un recipiente metálico, de hierro, de barro grueso poco profundo, hondo, con una fuente de calor fuerte, que se transfiere por conducción, se puede utilizar brasas, gas, electricidad. Ejemplo: cortes delgados de carne, pollo y pescados.

ALIMENTOS Y SUS PROPIEDADES

Los Cereales (las gramíneas): Los granos de los cereales más utilizados en la alimentación humana son el trigo, el arroz y el maíz, aunque también son importantes la cebada, el centeno, la avena y el mijo. El grano del cereal, es una semilla formada por varias partes: la cubierta o envoltura externa, compuesta básicamente por fibras de celulosa que contienen vitamina B1, lo cual da origen al salvado. En el interior del grano se distinguen: el germen donde abundan las proteínas que se pierden en los procesos de refinado para obtener harina blanca. La parte interna o núcleo, compuesto por almidón y en el caso del trigo, avena y centeno por un complejo proteico denominado gluten, que le da elasticidad y esponjosidad a la masa de pan. Cuando se le quitan las cubiertas y el germen, al cereal se denomina cereal refinado. Cuando se procesa sin quitar las cubiertas, se denomina integral. Las harinas integrales son más ricas en nutrientes, contienen mayor cantidad de fibra, de carbohidratos y del complejo vitamínico B1.

Las Legumbres: Son plantas que dan su fruto o semilla en vaina. (Legumbre por extensión, toda planta que se cultiva en la huerta). Las legumbres de consumo más tradicional son, las lentejas, los garbanzos, porotos, habas, arvejas. Tienen un 20% de proteínas, tantas como las carnes, aunque son proteínas de menos valor biológico. La mayor parte de su composición (60-65%) es almidón, y también tienen fibra, vitaminas B1, B2 y B3, minerales como calcio y hierro, aunque es abundante no se absorbe en su totalidad. Cada 100 gr de legumbres (la cantidad que suele pesar una ración normal) aporta unas 300 calorías. Una taza de legumbres es suficiente para cuatro personas, la proporción de agua para la cocción es de tres de agua por una de legumbre. Ayudan a controlar los niveles de azúcar en sangre y a disminuir los niveles de colesterol.

Las Verduras u Hortalizas: son plantas herbáceas que se cultivan para el consumo, crudas o cocinadas. El término de verduras hace referencia exclusiva a los órganos verdes, es decir, hojas y tallos tiernos o flores. Son ricas en vitaminas, minerales, fibra y en menor medida almidón y azúcares, con bajo aporte calórico. Ejemplos:

-   Frutos: berenjena, pimientos, tomates.
-   Bulbos: ajo, cebolla, puerro, etc.
-   Hojas y tallos tiernos: acelga, achicoria, endibias, escarola, espinacas, lechuga.
-   Flores: alcachofa. Coliflor.
-   Tallos jóvenes: apio, espárrago blanco.
-   Raíces: nabo, rábanos, remolacha de mesa y zanahoria.

Comerlas crudas o cocidas todos los días es muy recomendable, ya que son sanas para todos, y proporcionan vitaminas, minerales y fibras comestibles, con muy pocas calorías. El número de porciones que se debe comer cada día depende de las calorías que necesite la persona y de cómo se cuida de la diabetes, en acuerdo con su especialista. Podría necesitar comer una, dos o tres porciones de verduras en cada comida. Si necesita comer más de una porción en una comida, escoger varios tipos de verduras.

Prefiera las verduras crudas o cocidas sin grasa. **Cocinar** al vapor los consomés con verduras. Verduras salteadas utilizando pequeñas cantidades de aceite; los mejores son aceite de canola, aceite de oliva, de girasol; no utilizar grasa de vaca, manteca o manteca vegetal.

Pruebe aderezos para ensalada sin grasas: aderece con un poco de cebolla o ajo picado, use un poco de vinagre o jugo de limón o lima. Los yogures naturales, condimentados con hierbas son muy saludables. **Agregue** a las verduras un trozo pequeño de jamón sin grasa o pavo, cuya carne tiene muy poco contenido de lípidos. **Experimente** los sabores de las hierbas aromáticas y especias. Éstas dan sabor y no tienen grasas ni calorías.

Las Hierbas: son plantas aromáticas alimenticias con tallos y hojas tiernas. Se pueden cultivar de forma casera, se utilizan frescas o secas para dar sabor a las comidas, guisos, sopas, salsas, ensaladas y postres. También se utilizan para preparar aceites y vinagres aromatizados.

- Tomillo.
- Albahaca.
- Perejil.
- Romero (otro arbustillo).
- Salvia.
- Hierbabuena.
- Estragón.
- Laurel (es un arbusto).
- Orégano.
- Melisa.
- Otras: son Mejorana, Hisopo, Lavanda, Cebollino, cilantro, perejil rizado, toronjil y manzanilla. Las dos últimas muy usadas para infusiones y tienen planes para introducir otras hierbas al mercado.

Las Especias: llamada condimento, son aromatizantes de origen vegetal, que se usan para dar sabor a los alimentos. Técnicamente se considera una especia a las partes duras, como las semillas o cortezas. Las especias usadas en la actualidad son prácticamente las mismas que se usaban en la antigüedad, es posible que alimentos insípidos con el agregado de alguna especie pasen a ser gustosos y sabrosos. Se deben usar en la justa medida, para que no tapen sabores. Ejemplos:

- Amapola.
- Anís.
- Cardamomo.
- Cayena o guindilla.
- Comino.
- Mostaza.
- Nuez moscada.
- Pimentón.
- Pimienta.
- Sésamo (ajonjolí).
- Vainilla.
- Canela.
- Azafrán.
- Clavo de olor.
- Jengibre.

La Sal: Es un ingrediente que se utiliza para sazonar las comidas, también es conservante de alimentos y proporciona al cuerpo, cloro y sodio, necesarios para el equilibrio hídrico del organismo, para la actividad muscular y nerviosa, pero también es, en parte, causante de hipertensión, y puede traer problemas cardiovasculares. Se obtiene precipitando el agua de mar, se conoce como salinas, y a partir de la explotación de yacimientos, de donde se extrae la sal gema. Existen muchos tipos: sal de mesa, sal marina, sal de roca, sales condimentadas, como las que tienen yodo, ajo, cebolla, apio, son fáciles de conseguir. La sal es un ingrediente que podemos reemplazar con hierbas o especias.

Las recetas de este libro no llevan sal. Los diabéticos deben controlar el uso de sal, para prevenir problemas de presión, riñones, cardiovasculares, etc. Quien lo desee, puede incorporar sal a la receta.

Las Grasas y Aceites: en los alimentos hay grasas visibles como invisibles. Se encuentran en cantidades importantes en muchos productos de panadería, lácteos, dulces, carnes, fiambres, embutidos, etc. En el mercado encontramos gran variedad de aceites, tales como: *oliva* (que en estos últimos años se lo consume un poco más a pesar de ser más caro que los comunes, su sabor característico va muy bien en ensaladas, pastas o arroz, sumado a muchos beneficios que se le otorga para la salud, importantes cantidades de vitamina K la cual interviene en la coagulación de la sangre); *girasol*; *maíz*; *uva*; *soja*; *canola* y otros no tan comunes como el de *sésamo, nuez, cártamo, copra* o *coco*, los encontramos saborizados, ahumados. Se utilizan para condimentar o cocinar. Cada uno tiene sus características propias, color, sabor y aroma. Debemos evitar la ingesta de aceite saturado y grasas animales. No se deben eliminar de nuestras dietas los aceites crudos ya que son básicos en el proceso nutricional, (aportan y absorben algunas vitaminas). Es conveniente el uso de aceites puros **no** mezclas y no usar aceites recalentados.

Los aceites son fuente de ácidos grasos esenciales (ayudan a disminuir el colesterol en sangre), son ricos en vitamina E, además contienen vitaminas A, D y K. A la hora de elegir un aceite es recomendable que optes por uno que tenga bajo contenido de grasas saturadas, como los mencionados, evitando los de palma y coco.

Aceites vírgenes: el único es el de oliva virgen, ya que es el único aceite disponible en el mercado que no es sometido a ningún proceso químico de refinado, se prensa y se lleva a una temperatura que no supera los 27° C. Podría decirse que es directamente el jugo o extracto puro de las aceitunas, obtenido por medios mecánicos, (por lo menos en Argentina).

Aceites mixtos: derivado de la mezcla de dos o más aceites puros. En las etiquetas deben figurar los aceites que lo componen. Los aceites mixtos son empleados generalmente para la cocción.

Aceites de girasol, maíz y soja: se emplean para aderezar ensaladas. Se los consume directamente, ya que no resisten temperaturas elevadas.

Aceites refinados: son los aceites sometidos a procesos químicos que alteran su naturaleza inicial. Lo que se busca es eliminar impurezas que puedan haber quedado después de la extracción, algunos reducen el grado de acidez y prolongan la durabilidad del mismo.

Las Fibras: La fibra debe formar parte de nuestra alimentación diaria, dado que beneficia el correcto funcionamiento de los intestinos, ayuda para tratar la obesidad y otros problemas de peso, previene la formación de cálculos biliares, mejora los problemas de la diverticulosis, previene la aparición de cáncer de colon y recto, ayuda a controlar la diabetes tipo 2, el colesterol, ante la hipertensión y demás patologías cardiovasculares (**arteriosclerosis, infartos, etc.**). **Consumir desde 25 a 40 gramos diarios.**

Existen dos grandes grupos de fibra: las *solubles* y las *insolubles.* Ambas provocan sensación de saciedad una vez ingeridas.

- Las fuentes de *fibra soluble* son: el salvado de avena, los frutos secos (nueces), cebada, semillas, legumbres (lentejas), cáscara de manzana y patata y demás frutas y hortalizas.

- Las fuentes de *fibra insoluble* son: los granos enteros, el salvado de trigo y los cereales integrales.

Los Almidones: todo el alimento que uno ingiere se vuelve azúcar en el cuerpo. Los alimentos que contienen carbohidratos alteran los niveles de azúcar más que cualquier otro tipo de alimento. Los carbohidratos se encuentran en alimentos que contienen almidón o azúcares tales como el pan, el arroz, la pasta, los cereales, las papas, las arvejas, el maíz, las frutas, el jugo de frutas, la leche, el yogur, los bizcochos, los caramelos, las bebidas gaseosas y otros dulces. Comer almidones o carbohidratos es saludable para todos, incluyendo a las personas con diabetes, si saben administrarlos y combinarlos con otras comidas (esta guía y control lo realiza un nutricionista). El número de porciones que deben comer cada día depende de las calorías que necesite y muy especialmente en el tratamiento para la diabetes. Los almidones le proporcionan al organismo energía, vitaminas, minerales y fibras comestibles. Los almidones integrales son saludables porque tienen más vitaminas, minerales y fibra comestible. Esta última ayuda a tener evacuaciones intestinales regulares.

La Quinua: llamado seudocereal. Es un producto natural de Los Andes, su nombre científico es *Chenopodium quinoawilld*. Posee **proteínas y nutrientes** de alto valor biológico, un alimento ideal para el ser humano. Se cultiva desde la época de los Incas, y la consideraban sagrada. La más utilizada es la variedad *Quinua Real*, es una semilla chiquita de color blanco amarillento. Entre los minerales que posee encontramos fósforo, potasio, magnesio, calcio, contiene fitoestrógenos, sustancias que previenen enfermedades crónicas como la osteoporosis, cáncer de mama, enfermedades del corazón y otras alteraciones por falta de estrógenos durante la menopausia. Es fácil de digerir, forma una dieta completa y balanceada en todas las etapas de la vida. Es apto en distintas patologías por ejemplo para celiacos y diabéticos.

El Yacón: El yacón es una planta de la familia de los girasoles que produce raíces comestibles. A diferencia de otras raíces y tubérculos almacena sus azúcares en forma de oligofructanos. Estos azúcares no se descomponen en nuestro sistema digestivo. Puede ser consumido por diabéticos sin problemas, ya que no aumenta los niveles de azúcar en la sangre. Este noble producto utilizado por los Incas no sólo es un efectivo antidiabético sino que también reduce el colesterol y triglicéridos, regula el intestino, mejora la asimilación de calcio, estimula la síntesis de vitaminas del complejo B y no aporta calorías al organismo. Es muy parecida a la batata. Se pueden hacer diferentes preparaciones tanto dulces como saladas.

El Azúcar: La *sacarosa* o azúcar común es un alimento natural, utilizado por diferentes civilizaciones a lo largo de la historia. El azúcar se extrae de la remolacha o de la caña de azúcar. La sacarosa se forma por la unión de una molécula de glucosa y una molécula de fructosa que está presente en estas plantas, al igual que en otros cultivos vegetales.

Azucares en los alimentos:

La **lactosa**: se encuentra en la leche, se extrae del lactosuero. La lactosa comercial, cuando está refinada, se presenta en forma de polvo cristalino blanco ligeramente dulce. La lactosa es utilizada en la elaboración de preparaciones para la alimentación infantil; también se utiliza en confitería o farmacia.

La **glucosa o dextrosa**: se encuentra en las frutas y en la miel. Asociada en partes iguales con fructosa, se forma la **sacarosa o azúcar de mesa**, es la fuente principal de energía para el metabolismo celular. La obtenemos a través de los alimentos como hidratos de carbono, y se almacena en nuestro organismo sobre todo en el hígado. Para que esta función sea correcta interviene la *insulina* la cual en los diabéticos es deficitaria o nula. Por lo tanto la glucosa se acumula en la sangre y eleva los niveles de azúcar en sangre, que no debe ocurrir. Por eso necesitan balancear la cantidad de alimentos que ingieren (especialmente los alimentos que contienen carbohidratos) acompañado con su medicación y nivel de actividad, según la indicación de su médico.

La **fructosa**: se encuentra en abundancia en las frutas y en la miel, mezclada con glucosa se obtiene el azúcar comercial, es más dulce que el azúcar común (sacarosa). La fructosa es aconsejable para las personas con diabetes, aunque no requiera insulina para metabolizarse. Su uso debe ser moderado ya que puede elevar los niveles de triglicéridos. La fructosa resalta los sabores, de la vainilla, canela, jugo de limón, etc.; que se agreguen a las preparaciones, pueden resultar muy fuertes; a altas temperaturas (no superar los 170°) tiende a oscurecer la preparación.

La **maltosa**: se obtiene industrialmente por hidrólisis del almidón (se cristaliza el almidón) en presencia de la diastasa de malta. Se presenta en forma de polvo cristalino blanco y es utilizado en cervecería.

La **stevia**: es una planta sudamericana que fue usada por los indios sudamericanos por siglos, originaria de Paraguay y Brasil, es uno de los pocos sustitutos naturales del azúcar. Una de las propiedades más destacadas de la stevia es su eficacia en la lucha contra la diabetes. La stevia es ideal para los diabéticos ya que ayuda a regular los niveles de glucosa en la sangre, en algunos países se la utiliza como tratamiento para mejorar la diabetes, parece regular los niveles de insulina. Muy aconsejable para perder peso ya que reduce la ansiedad por la comida y al regular la insulina el cuerpo almacena menos grasas. (Su uso con calor modifica su sabor).

Jarabe de maíz: se obtiene del almidón de maíz. Se trata de átomos simples de glucosa. El jarabe de maíz de alta fructosa es un ingrediente muy útil debido a su dulzor y a la capacidad que tiene para combinarse fácilmente con otros ingredientes. Se usa en la fabricación de alimentos, productos horneados, caramelos, mermeladas, yogures, condimentos, bebidas, alimentos enlatados y empaquetados, etc.

Alimentos de régimen, sin azúcar, light, dietéticos

Muchas personas piensan que el consumo de estos alimentos: **de régimen", "sin azúcar", "light" o "dietéticos"** son libres porque no les añaden azúcar, pero contienen otro tipo de hidratos de carbono como papas, féculas o harina, como por ejemplo "galletas light". Son alimentos más caros y tienen que controlarse igualmente. Ante cualquier duda siempre consultar al equipo médico nutricional que controla su plan de alimentación, sin abusar y bien adaptados pueden ser un recurso muy útil.

PIRÁMIDE NUTRICIONAL

Está compuesta por cinco grupos:

GRUPO N° 1: Lácteos y derivados

Los alimentos de este grupo contienen proteínas de mucha importancia que nos ayudan a construir y regenerar nuestros tejidos, también sales minerales como el calcio y el fósforo.

Este grupo está compuesto por: Leche en todas sus formas, fresca o en polvo, queso en todas sus variedades, fresco, gouda, chanco, quesillo, yogurt, helados, postres de leche, etc.

GRUPO N° 2: Carnes y legumbres

Los alimentos de este grupo contienen también proteínas de gran valor nutritivo, sales minerales y vitaminas del grupo B.

A este grupo pertenecen: Carnes rojas: vacuno, cerdo y cordero. Carnes Blancas: pollo, pescado y pavo. Vísceras: riñones, intestinos, hígado, corazón, lengua, etc. Legumbres: porotos, lentejas, habas, garbanzos, lentejas.

GRUPO N°3: **Frutas y verduras**

Los alimentos que pertenecen a este grupo proporcionan vitaminas del grupo A, B y C.

Este grupo lo conforman todos los tipos de frutas: manzanas, duraznos, uvas. Todos los tipos de verdura: zanahoria, lechugas, repollos.

GRUPO N°4: **Los cereales**

Los alimentos pertenecientes a este grupo son ricos en glúcidos y vitaminas.

Este grupo es conformado por Cereales: como el arroz. Harinas: (como los tallarines y las demás pastas.) nos ayudan a construir y regenerar nuestros tejidos.

GRUPO N°5: **Azúcares y grasas**

Estos alimentos se deben consumir en bajas proporciones por ser ricos en glúcidos y grasas.

A este grupo pertenecen: Azúcares: miel, mermelada, azúcar. Grasas: manteca, aceite. Bebidas: jugos en polvo, gaseosas, licores, etc.

UBICACIÓN DE LOS GRUPOS

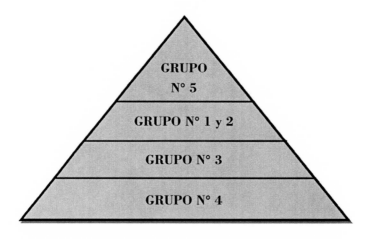

DIABÉTICOS CELÍACOS

La enfermedad celíaca (EC) es una enfermedad que se produce cuando existe una activación del sistema inmune luego de la ingesta de trigo, avena, cebada o centeno (TACC), en individuos genéticamente predispuestos. Esa predisposición está dada por la presencia de moléculas HLADQ2 (95 %) y HLADQ8 (5 %); siendo esas moléculas no exclusivas de la enfermedad celiaca, sino también de otras enfermedades con estas mismas características genéticas, como la diabetes mellitus tipo 1 (DM1).

En 1969, se detectaron los primeros casos de diabéticos con enfermedad celíaca. Hoy se estima que en el mundo la prevalencia de diabéticos con esta enfermedad es de alrededor del 4 al 6 % y en la Argentina este porcentaje es entre el 5 al 14 %. Es importante resaltar que la EC no aumenta con la edad en niños diabéticos y que es dos veces más frecuente en niñas con DM1 que en varones. Pueden transcurrir cuatro años desde el diagnostico de diabetes y la aparición de EC. Lo más frecuente es que la diabetes se manifieste primero, en un 90 % de los casos; y solo el 10 % desarrollan primero EC y luego diabetes.

La EC se diagnostica con la determinación de anticuerpos en sangre, aunque sigue siendo la biopsia intestinal el método confirmatorio incluso en diabéticos sin síntomas de enfermedad celiaca. Aquellos diabéticos que presenten síntomas (menos frecuente) de alteraciones en los controles de glucemia (hipoglucemias repetidas), disminución de peso y talla, anemia, dolor abdominal, diarrea, distención abdominal y retraso en el desarrollo de la pubertad; tienen altas probabilidades de estar desarrollando además una EC.

El tratamiento de los pacientes diabéticos celíacos es la **dieta libre de gluten** tanto en los que presentan síntomas como en los que no, observándose una importante mejoría de los mismos. Sin embargo no hay que esperar la aparición de los síntomas para sospechar de EC en pacientes con diabetes mellitus tipo 1.

RECETAS

SOPAS / CREMAS

Las sopas son un gran aliado, tanto frío como caliente, como entrada o plato fuerte y podemos incorporar en ellas todos los nutrientes necesarios. Las podemos hacer de pescado, vegetales, pollo, etc.

SOPA (CREMA) DE CALABAZA

Ingredientes: 1kg de calabaza o coreanitos, 1 cebolla, 1 hoja de laurel, una de apio, 1 diente de ajo, pimienta, 100 gr. de queso cuartirolo bajo en grasas. Perejil picado, ½ litro de leche caliente, nuez moscada.

Preparación: Poner en una cacerola agua a hervir, agregar las hojas de laurel y apio, el ajo cortado en laminas, la cebolla cortada en cuartos y la calabaza en cubos. Dejar cocinar hasta que la calabaza este muy tierna. Calentar la leche y condimentarla con pimienta y nuez moscada, bien sabrosa, retirar la hoja de laurel y la de apio y un poco del cado, procesar hasta formar un puré, llevar a la cacerola nuevamente y agregar la leche remover continuamente hasta integrar todo, si es necesario agregar caldo hasta darle la consistencia deseada. Servir caliente con pedacitos de queso en cada plato y espolvoreado con perejil.

CALDO DE VERDURAS—(usar para cocinar)

Ingredientes: 3 litros de agua, 1 pimiento, 1 cebolla, 4 dientes de ajo, 1 hoja de laurel, 1 rama de apio, 1 zanahoria, 1 puerro, orégano, perejil, pimienta negra en grano, 1 copita de oporto.

Preparación: Poner al fuego una cacerola con todas las verduras cortadas, que tomen color, agregar la pimienta, el orégano, el laurel y el agua fría, el oporto, tapar y dejar hasta que reduzca. Este caldo se utiliza para cocinar.

CALDO DE VERDURAS

Ingredientes: Igual al anterior, sin el oporto, agregando más verduras a gusto, como arvejas, choclo, etc.

Preparación: Cortar todas las verduras en cubos chicos, picado el ajo y el perejil, en una cacerola con agua fría, poner las verduras y condimentos, dejar cocinar hasta que reduzca a la mitad. Servir con las verduras y un cubo de queso bajo en grasas.

CREMA DE HIERBAS Y VEGETALES

Ingredientes: 1 cebolla, 200 gr zapallo, hojas de espinacas, 1 ramita de apio, hojas de salvia, 1 zanahoria, perejil, nuez moscada, cebollita de verdeo, orégano fresco, 3 hojas de menta, semillas de hinojo, agua y leche cantidad necesaria.

Preparación: Lavar y pelar muy bien las verduras, cortar la cebolla en cubos grandes, la cebolla de verdeo reservar la parte verde, cortar el zapallo, la zanahoria, el apio. En una cacerola poner las cebollas que tomen un color dorado, sin que se quemen, agregar el resto de las verduras, las hiervas, agregar agua fría y dejar cocinar hasta que todo esté bien tierno. Luego licuar o procesar todos los ingredientes con un poco de leche y caldo de cocción; llevar nuevamente a fuego suave, condimentar con nuez moscada, pimienta, agregar caldo hasta obtener la consistencia deseada. Servir espolvoreada con cebolla de verdeo.

SOPA DE BERROS

Ingredientes: 1 atado de berros, 1 papa mediana, ½ litro de caldo de verduras, 1 cucharada de crema de leche, leche descremada cantidad necesaria, pimienta a gusto, nuez moscada, queso cuartirolo.

Preparación: Lavar muy bien los berros, limpiarlos retirando las partes duras, ponerlos en una olla junto con las papas cortadas en cubos, agregar un poco del caldo y un poco de leche, dejar cocinar a fuego suave unos 30 minutos, luego procesar e incorporar la crema de leche, condimentar con pimienta y nuez moscada, cocinar hasta que espese un poco. Servir caliente con unos cubitos de queso cuartirolo, o en verano fría.

SOPA DE BRÓCOLIS

Ingredientes: 100 gr. de champiñones, ½ atado de brócolis, semillas de apio, caldo de verduras, 2 dientes de ajos, 1 puerro, ½ pimiento, pimienta recién molida, queso bajo en grasa (por salud).

Preparación: Dorar suavemente las verduras cortadas, agregar un poco de caldo, las semillas de apio, condimentar y dejar cocinar unos 15 minutos, luego licuar, en una sartén filetear los champiñones y los ajos saltearlos, que no se quemen, agregar a la crema, servir bien caliente con un cubo de queso por plato y bastante pimienta recién molida.

SOPA DE CEBOLLA

Ingredientes: ½ kg de cebolla, queso rallado, caldo de verduras, aceite de oliva, orégano, 2 fetas de pan negro.

Preparación: Cortar la cebolla en juliana, rehogarla sin aceite que tome un poco de color, añadir el caldo y dejar hervir, agregar el orégano y el queso. Al servir poner unos cubitos de pan negro tostado y unas gotas de aceite de oliva.

SOPA DE PUERRO Y ESPINACA

Ingredientes: 1 atado de espinaca, 5 puerros, 2 vasos de vino blanco seco, ½ litro de caldo de pollo sin grasa, pimienta, queso de rallar o un queso cortado en daditos bajo en grasas, cubos de pan negro tostado.

Preparación: Cortar las hojas de espinaca en juliana y los puerros en rodajas, poner en una cacerola, condimentar con pimienta, agregar el vino y el caldo. Cocinar destapado a fuego medio quince minutos. Licuar y servir agregando un puñado de cubitos de queso y de pan.

SOPA DEL PRADO

Ingredientes: 4 puerros, 2 dientes de ajo picados, 2 echalottes, 1 sobrecito de hongos remojados y picados, 1 cucharada de maicena, 100g de champiñones fileteados, un chorrito de aceite de oliva, caldo de verduras cantidad necesaria, nuez moscada,1 pizca de jengibre, perejil fresco picado,

Preparación: Lavar muy bien los puerros, picar la parte blanca, los ajos y los echalottes. En una cacerola sellar todo. Poner los hongos en remojo unos 15 minutos, agregar los hongos cortados, los champiñones fileteados, un chorrito de aceite y caldo a la preparación. Condimentar con nuez moscada, jengibre, dejar cocinar unos 15 minutos y agregar la maicena, cocinar unos minutos más y servir caliente espolvoreando con perejil.

ENTRADAS

ARROLLADO DE RICOTA

Ingrediente: Ricota descremada, 300 gr., 1 huevo, uno entero y una clara, 2 dientes de ajo, 1 atado de espinaca, ½ kg de cebolla, aceite de oliva, pimienta a gusto, provenzal, papel film o aluminio.

Preparación: En un bol mezclar la ricota con provenzal, los huevos y condimentar, picar los ajos y la cebolla rehogar hasta que esté transparente, agregar las hojas de espinaca picada. Sobre papel film o aluminio estirar la mezcla de ricota, por encima poner el rehogado de espinacas, enrollar como un matambre, poner en una placa para horno con un poco de aceite en la base (sin el papel aluminio) durante unos 15 minutos. Servir caliente o frío cortando en rodajas.

ATÚN CON PEPINO

Ingredientes: 2 pepinos, 1 cucharada de eneldo, 1 lata de atún en agua, 50 gr. de cebollitas en vinagre, 2 cucharada de yogur natural, 1 cucharada de mostaza, pimienta, hojas de lechuga, 2 tajadas de pan integral, 1 diente de ajo, aceite de oliva.

Preparación: Pelar los pepinos cortarlos por la mitad y en rodajas, cortar el pan a la mitad en forma triangular, tostarlo y untarlo con ajo y aceite de oliva. Picar las cebollitas y mezclarlas con el yogur, la mostaza, el eneldo, mezclar con el atún y los pepinos. Servir adornando con hojas de lechuga y un triangulo de pan, cortar el pan en cubos y mezclar con la ensalada.

CHAMPIÑONES RELLENOS

Ingredientes: 8 champiñones, jugo de limón, 1 diente de ajo, hojas tiernas de rúcula, jengibre, 1 feta jamón cocido, 1 cucharada de mayonesa, aceitunas negras para adornar.

Preparación: Cocinar al vapor los champiñones unos minutos 10 minutos, según el tamaño con unas gotas de limón. Una vez fríos retirar el cabito, picarlo, picar la rúcula el jamón cocido y mezclar todo con la mayonesa y el jengibre, rellenar los champiñones, adornar con aceitunas servir sobre hojas.

COLORIDO DE POLLO

Ingredientes: ½ pollo sin piel, 1 choclo, 3 papitas andinas hervidas, 2 hojas de repollo, hojas de lechuga, 1 zanahoria, 1 tomate, 1 pimiento asado, orégano, laurel, apio, pimienta, aceite, vinagre, 1 diente de ajo.

Preparación: Lavar bien la lechuga, pollo sin piel (preferentemente la pechuga) ponerlo a hervir en agua caliente a la que agregamos, el ajo a la mitad, apio, orégano, hacemos hervir el choclo, la zanahorias, el repollo solo un hervor suave. Lavar la lechuga y cortarla, pelar y cortar el pimiento, el repollo, cortar a la mitad los papines, cortar en cubos las zanahorias, el tomate, desgranar el choclo, y desmenuzar el pollo. Mezclar todo bien condimentar con aceite, vinagre y pimienta. Se puede agregar 1 cucharada de mayonesa de apio.

ESPUMA DE AVE CON EMULSIÓN DE ZANAHORIAS O YACÓN

Ingredientes: 1 pechuga de pollo hervida, 2 claras de huevos, hojas de lechuga morada, aceite de oliva, 2 zanahorias hervidas, 1 diente de ajo, limón, orégano, 1 cucharada de mostaza, edulcorante cantidad necesaria.

Preparación: el pollo ya hervido, en un caldo bien sabroso, desmenuzar, picar los ajos bien chiquito, ponerlos en una cacerola junto con unas gotas de aceite de oliva, agregar las claras mezcladas e ir revolviendo constantemente para ir cortándolas, antes de que coagulen agregar el pollo, condimentar con orégano y limón. Aparte procesar las zanahorias hervidas, agregarle unas gotas de edulcorante, la mostaza, y aceite de oliva hasta emulsionar. Lavar las hojas de lechuga bien secas acomodar en cada plato, por encima poner un poco de la espuma de pollo y emulsión de zanahoria o yacón, hacer unos crocantes de zanahorias, (zanahoria bien finitas al horno o fritas) para adornar.

FLAN DE ESPÁRRAGOS

Ingredientes: 1 atado de espárragos, 2 echalotes, cilantro o perejil, 3 huevos, 2 tazas de caldo o leche descremada, pimienta, 1 pizca de curry, aceite, 1 diente de ajo.

Preparación: Cocinar los espárragos, picar los echalotes y el ajo y rehogarlos, mezclar con el cilantro picado, cortar los espárragos, mezclar todo con los huevos batidos, condimentar con el curry y la pimienta. Poner la preparación en una flanera enmantecada o en moldes individuales, cocinar en horno a baño María. Servir como entrada frío o caliente, con mayonesa de pimientos o como guarnición.

HUEVITOS SORPRESA

Ingredientes: 4 huevos, ½ bife de pollo (pechuga) o 1 feta de jamón cocido, 1 cucharada de mostaza, pimienta.

Preparación: Hervir los huevos 12 minutos, picar el pollo o el jamón muy chiquito, pelar los huevos y cortarlos a la mitad, retirar la yema, mezclarla con la mostaza y el pollo picadito, con esta preparación rellenar la cavidad de cada huevo, adornar con tiritas de tomates, acompañar con ensaladas.

MEJILLONES GRATINADOS

Ingredientes: 8 mejillones con valva, 2 dientes de ajo, perejil, pimienta, aceite de oliva, queso parmesano 2 cucharadas de jugo de naranja. Caldo cantidad necesaria y vino.

Preparación: Lavar bien los mejillones, con cepillo. Poner en una cacerola los mejillones, el caldo y el vino, dejar hasta que se abran, el que no se abra se desecha. Quitarles una de las valvas, rociar con jugo de naranjas y pimienta, picar el perejil, el ajo mezclar con aceite de oliva, poner una cucharadita en cada mejillón, poner sobre fuente para horno, y en cada una un poco de queso, llevar a horno a gratinar. Servir caliente con ensalada.

MILANESITAS NORTEÑAS

Ingredientes: 4 quesillos, 1 clara de huevo, pan rallado 2 cucharadas, 2 cucharadas de salvado de avena, 1 diente de ajo, perejil, pimienta o pimienta de cayena, aceite de maíz cantidad necesaria.

Preparación: Batir la clara de huevo con la pimienta, o pimienta de cayena, el ajo y el perejil ya picados. Pasar los quesillos de a uno por la mezcla y luego por pan rallado mezclado con el salvado de avena. Freír en abundante aceite caliente, debe ser rápido para evitar que el quesillo se desarme, servir inmediatamente. Acompañado con ensalada otoñal.

MOUSE DE BERRO

Ingredientes: 1 atado de berros, 300 gr de queso blanco descremado, 5 gr de gelatina, unas gotas de Jerez optativo, pimienta, 1 diente de ajo, 2 claras batidas a nieve, jugo de ½ limón.

Preparación: Lavar muy bien el berro, pasarlo por agua hirviendo y procesarlo, agregar la gelatina disuelta e hidratada en el jugo del limón, formar un puré espeso, agregar el queso, condimentar, batir las claras e incorporarlas en forma envolvente. Poner en moldes individuales o uno grande, llevar a heladera, desmoldar y servir adornados con hojas de berro.

NIDOS RELLENOS

Ingredientes: ½ kg de calabaza, 1 cucharada de páprika, 1 clara, 1 puerro, 1 ramita de apio, salvado de avena cantidad necesaria.

Relleno: ½ pechuga de pollo, 2 cucharadas de ricota baja en grasas, ½ limón el jugo, pimienta, 1 cucharadita de semillas de lino, 1 hoja de laurel.

Preparación: Cortar las chauchas y la calabaza en cubos, cortar el apio y el puerro, poner en una cacerola con agua caliente a que se cocinen, 1 hoja de laurel. Una vez cocidas las verduras en el mismo caldo agregar la pechuga de pollo. Aparte poner la leche en una cacerola cuando rompa el hervor agregar el limón, la leche se corta, colar que salga todo el suero, condimentar con pimienta. Una vez cocida la pechuga se la desmenuza, se mezcla con la ricota, con las chauchas. Aparte hacer un puré con la calabaza, condimentar bien con páprika, agregar la clara, y un poco de salvado de avena para más consistencia, poner el puré en una manga o con cuchara, armar sobre una fuente para horno con unas gotas de aceite para evitar que se peguen, unos niditos huecos en el centro, en el centro poner la mezcla de pollo y ricota, llevar a horno unos 18 minutos. Servir uno por comensal espolvoreado con semillas de lino.

PATE DE ATÚN

Ingredientes: 300 gr. de atún, ciboulette (cebolleta), jugo de limón, optativo 1 cucharadita de mayonesa bajas en calorías, pimienta negra, 1 cucharada de semillas de amapola o quiwicha. Aceite de oliva un chorrito.

Preparación: Poner todo en una procesadora, hasta que quede una pasta suave. Poner en heladera hasta servir, se puede comer con tallos de apio, rellenar huevos o untadas en galletitas de salvado.

PATE DE QUESO

Ingrediente: 1 pote de queso crema, bajo en grasas, pimienta de cayena, 200 gr. de ricota, ½ taza de almendras molidas, 1 toque de comino, 1 sobre de gelatina, papel films.

Preparación: mezclar el queso crema con la ricota, las almendras, las pimienta recién molida y un poco de de comino, hidratar la gelatina, (primero con agua fría, luego entibiar agregar a la preparación). Una vez todo mezclado forrar con el papel film un molde, poner la preparación apretando bien, llevar a heladera unas 5 horas. Servir acompañado de ensaladas.

PECHUGAS A LA MENTA

Ingredientes: 1 pechuga hervida, jugo de un limón, 1 cucharada de salsa de soja, jengibre, hojas de menta, 1 mango grande. Hojas tiernas de lechuga morada.

Preparación: Cortar el mango en cubos, las pechugas hervidas en tiras, picar las hojas de menta, reservando algunas para adorno, mezclar la salsa de soja con el jengibre y el jugo de limón, incorporar las hojas de menta, mezclar bien, bañar con este adobo la pechuga y el mango, servir con lechuga morada.

PERAS AL ROQUEFORT

Ingredientes: 2 peras grandes y firmes, 2 fetas finas de jamón cocido, bajo en grasas, 50 gr de queso azul o roquefort, 1 clavo de olor, 1 cucharadita de edulcorante apto para cocción, tiritas de pimiento rojo, 2 cucharada de yogur natural.

Preparación: Lavar bien las peras partirlas a la mitad, sacar las semillas haciendo un hueco. En una cacerola poner agua a hervir con el clavo, agregar las peras, sin pelar, en el líquido caliente, agregar el edulcorante, dejar cocinar hasta que estén tiernas, sin que se desarmen. Dejar enfriar y poner sobre papel absorbente que escurra el líquido. Cortar 1 de las fetas de jamón en cuatro y reservar para decorar, la otra feta picarla bien chiquita, pisar el queso con el yogur, agregar el jamón picado, que quede una pasta suave. Poner en los huecos de cada pera un poco de esta preparación. Servir ½ pera por porción, adornar con tiritas finas de pimiento rojo y el jamón que se reservó, si quedó crema diluirla con agua y poner como base en el plato.

TARTA MULTICOLOR

Ingredientes: 1 zanahoria grande, 2 cebollas, 3 bulbos de cebollitas de verdeo, 3 huevos, 1 lata de choclo, 100 gr. de queso tipo cuartirolo bajo en grasas, champiñones a gusto, 1 masa de tarta, nuez moscada, pimienta, ½ cucharada de aceite de oliva, brotes de girasol.

Preparación: Lavar la zanahoria y rallarla, picar las cebollas, las dos variedades y rehogarlas, agregar la zanahoria rallada, los champiñones fileteados, los brotes de girasol y el choclo, mezclar y condimentar con nuez moscada y pimienta, agregar los huevos batidos. Forrar una tartera con 1 masa, pincharla y darle una pre cocción suave, luego agregar la preparación y por encima poner el queso cortado, llevar a horno hasta que cocine el huevo. Servir fría o caliente, se puede acompañar con ensaladas.

TOMATES CON ATÚN

Ingredientes: 2 tomates medianos, 1 lata de atún al agua, 1 diente de ajo, ½ jugo de limón, 1 zanahoria chica hervida, ½ papa hervida, hojas de orégano, pimienta.

Preparación: Hacer un puré con la zanahoria y la papa, mezclar con el atún, el ajo bien picadito, condimentar con linón y pimienta, mezclar todo, cortar los tomates en fetas gruesas. Con una manga o cuchara poner por encima un poco de la preparación y adornar con hojas de orégano fresco, servir sobre hojas de lechuga.

ENSALADAS

BERROS AL YOGUR

Ingredientes: Berros 1 planta, 1 pote de yogur al natural, aceite de oliva, 10 rábanos, 1 limón, 1 cucharada colmada de nueces.

Preparación: Lavar muy bien el berro, dejar en agua con vinagre uno minutos, mientras limpiar y cortar los rábanos a la mitad, mezclar el yogur, el aceite de oliva, el jugo de limón, agregar los rabanitos, escurrir los berros y retirar las partes duras, mezclar con la preparación de yogur las partes tiernas del berro, agregar las nueces picada a cuchillo.

CHAMPIÑONES EN ENSALADA

Ingredientes: 300 gr. de champiñones cocidos, 8 huevos de codorniz, 1 cucharadita de estragón, 1 taza de arroz integral cocida, 2 peras, 1 limón, aceite de oliva, pimienta negra. Opcional almendras picadas.

Preparación: Filetear los champiñones, cocinarlos unos 4 minutos en agua caliente con limón, hacer hervir los huevos, luego pelarlos y cortarlos a la mitad, mezclar todo con el arroz y las peras cortadas en cubos. Condimentar con jugo de limón, aceite y pimienta. Agregar almendras tostadas a gusto.

CRIOLLA DE QUINUA

Ingredientes: 200 gr. de quinua, 2 tomates, 1 cebolla, 1 pimiento verde, 1 diente de ajo, 1 cucharada de ají suave, 1 limón, aceite de oliva.

Preparación: Limpiar y lavar muy bien la quinua, cocinarla por unos 13 minutos, picar todo en cubos chicos, agregarle el jugo de limón, el ají y el aceite, mezclar muy bien. Cuando la quinua está cocida, sin líquidos incorporar la preparación, mezclar bien, dejar enfriar, Para acompañar todo tipo de carnes.

ENSALADA ARCO IRIS

Ingredientes: Cebollita de verdeo, 1 pimiento amarillo, 2 huevos duros, 6 tomates cherry, perejil cantidad necesaria, láminas de queso de rallar, 1 planta de escarola, 1 cucharada de mayonesa, el jugo del limón, 10 rabanitos.

Preparación: Lavar bien todas la verduras, cortar la escarola, la cebollita de verdeo entera (parte blanca y verde), los rabanitos en láminas gruesas, los tomatitos a la mitad, el pimiento en juliana, los huevos duros en rodajas gruesas, poner todo en una fuente. Mezclar la mayonesa con el jugo del limón y el perejil, con esta preparación condimentar la ensalada, por encima poner las escamas de queso.

ENSALADA COMPOSÉ

Ingredientes: ½ atado de espinacas. 1 zanahoria, flores de brócolis y de coliflor, aceitunas negras, 1 pote de yogur natural, cilantro, 1 cucharada de semillas de hinojo.

Preparación: Lavar bien las verduras y picarlas, agregar las semillas, filetear las aceitunas y mezclarlas con el yogur y el cilantro bien picado, agregar pimienta y aderezar las verduras.

ENSALADA CON QUINUA

Ingredientes: 2 tazas de quinua cocida, 3 tomates cortados en cubos, 3 zanahorias ralladas, 1 pimiento mediano rojo cortado en cubos, una provenzal de yacón (compuesta de ajos deshidratados y hojas de yacón secas), sal, aceite de oliva, jugo de un limón.

Preparación: En una ensaladera grande mezclar todos los ingredientes: tomates, zanahorias, pimientos, la provenzal, condimentar con aceite de oliva, jugo de limón y sal. Ideal para acompañar carnes o como entrada con algunas hojas verdes y mayonesa.

ENSALADA DE CHAMPIÑONES

Ingredientes: 250 gr. de champiñones frescos, 2 huevos duros, ½ lechuga repollada, 1 diente de ajo, alcaparras a gusto, 1 cucharada de mostaza, 1 pizca de ají de cayena, aceite, limón.

Preparación: Limpiar los champiñones y filetearlos, saltearlos rápidamente con unas gotas de aceite y el ajo picadito espolvorear con el ají de cayena, cortar la lechuga en juliana poner en una fuente, agregar las alcaparras y los champiñones, mezclar la mostaza con limón un poco de agua y aderezar la ensalada.

ENSALADA DE COLIFLOR

Ingredientes: 1 coliflor, 2 tazas de hongos, 1 cebolla, 1 pimiento rojo, aceite, limón, pimienta recién molida.

Preparación: Lavar la coliflor, separar cada flor y procesarla, que quede bien desgranado, picar en cubos chiquitos, la cebolla y el pimiento, hidratar los hongos, una vez hidratados mezclar todos los ingredientes, rociar con pimienta recién molida, aderezar con aceite y limón.

ENSALADA DE HABAS

Ingredientes: ½ planta de lechuga, 1 lata de atún, 2 zanahorias grandes, 1 cebolla, 2 tomates, 3 huevos duros picados, ¼ de habas hervidas, salvia.

Preparación: Cortar en juliana la lechuga, rallar las zanahorias, picar finamente la cebolla, cortar en cubos el tomate, mezclar todo con las habas, picar la salvia, desmenuzar el atún, mezclar todo y aderezar.

ENSALADA DE PALMITOS

Ingredientes: ½ lechuga morada, 6 hojas de espinacas, 1 cucharada de pickles, 1 cebolla en aros, 4 palmitos, 1 palta mediana, ½ pechuga de pollo desmenuzado, 1 cucharada de salsa golf, ½ limón, 1 cucharada de aceite de oliva, 1 de agua, "sal".

Preparación: Lavar muy bien las verduras, dejar escurrir el agua, picar la cebolla y mezclar con los pickles, poner en un tazón junto con la salsa golf y el aceite. Cortar las verduras con las manos, desmenuzar la pechuga, pelar la palta cortarla en gajos y agregarle limón, cortar los palmitos en rodajas anchas. Servir en platos individuales: primero las verduras y formando una torre el resto de los ingredientes, condimentar con la vinagreta de salsa golf.

ENSALADA DE POLLO PRIMAVERA

Ingredientes: ½ ananá fresco chico, 1 pechuga de pollo hervida, 2 naranjas cortadas en gajos, 3 ramitas de blanco de apio, 1 cucharada de mayonesa, limón, aceite de oliva, pimienta, hojas de lechuga para adornar, 100 gr. de queso bajo en grasas.

Preparación: Cortar el ananá a la mitad, retirar la fruta y cortarla en cubitos, reservar la cáscara para servir, mezclar con el pollo y el queso cortados en trozos pequeños, cortado el apio en cuadraditos, las naranja en rodajas. Mezclar todo con la mayonesa aligerada con un poco de agua o yogur, limón, aceite y pimienta, rellenar con la ensalada las cáscaras del ananá, utilizarlas como ensaladera.

ENSALADA DE REPOLLO

Ingredientes: ½ repollo colorado, 1 manzana verde, jugo de limón, 1 cucharada de semillas de girasol, 25 gr. de pasas de uvas sin semillas, 50 gr. de nueces, aceite.

Preparación: Lavar bien el repollo retirar las nervaduras gruesas y cortarlo bien finito, rociar con el jugo del limón y dejar macerar, poner las pasas de uvas a hidratar con un poco de agua y limón. Pelar las manzanas (con cáscaras) cortarlas en cubos poner junto al repollo, agregar las semillas, las nueces y el aceite de oliva, mezclar bien.

ENSALADA DEL BOSQUE

Ingredientes: 1 lechuga perezosa, 1 planta de lechuga morada, ½ taza de nueces picadas, 1 cebolla morada cortada fina, 1 cucharada de semillas de sésamo o chía, 150 gr. de champiñones en láminas, un poco de brotes de girasol, 1 rama de apio en tajaditas, 100 gr. de queso, jugo de limón, aceite de oliva.

Preparación: Lavar muy bien todo, luego cortar con las manos las lechugas, picar las nueces, la cebolla cortada en juliana, los champiñones se los limpia no se los lava, cortarlos en láminas, el apio en cubos chiquitos, el queso rallado grueso, agregar los brotes, las semillas de sésamo y mezclar bien todo, aderezar con aceite y limón.

ENSALADA GRIEGA

Ingredientes: 3 tomates, 1 cebolla, aceitunas verdes y negras, queso tifus, 2 pepinos, lechuga morada, aceite, pimienta, 1 diente de ajo, nueces.

Preparación: Pelar el pepino y cortarlo en rodajas finas, lavar y secar la lechuga, cortarla con la mano, los tomates cortarlos en cubos, la cebolla en juliana, filetear las aceitunas, cortar el tifus en cubos dorarlos en una sartén con el ajo, mezclar todos los ingredientes, condimentar con aceite y pimienta, agregar por ultimo las nueces.

ENSALADA ITALIANA

Ingredientes: 1 rúcula, 1 diente de ajo, aceite de oliva, 100 gr. de pistachos, jugo de limón, 4 fetas de pan tostado, 150 gr. de queso bajo en grasa, aceite.

Preparación: Lavar la rúcula, cortarla, picar los ajos, cortar en cubos el pan y tostarlos, rallar el queso en láminas gruesas, mezclar todo, condimentar con aceite, limón espolvorear por encima con pistachos.

ENSALADA OTOÑAL

Ingredientes: 200 gr. de quinua bien lavada y hervida, 1 cebolla, 2 cabecitas de cebollitas verdes, 2 tomates, 1 manzana verde, aceitunas negras a gusto fileteadas, 1 rodaja de pan cortada en cubos tostados o fritos. Para la vinagreta aceite de oliva, sal, limón.

Preparación: Picar la cebolla bien chiquita. El tomate en cubos chicos (brunoise). Las manzanas peladas es optativo (si se quiere más fibras, dejar la cáscara), cortarlas en cubos, picar la cebolla de verdeo, y mezclar todo con la quinua y la aceitunas. Preparar la vinagreta a gusto, condimentar la ensalada.

ENSALADA ORIENTAL

Ingredientes: 100 gr. de brotes de soja, 100 gr. de brotes de alfalfa, 100 gr. de brotes de girasol, 2 ramitas de apio, 150 gr. de fideos tirabuzón ya cocidos, 1 cebolla, pimienta, jugo de limón, o de naranjitas japonesas, 1 cucharada de salsa de soja, aceite de oliva, 1 cucharadita de semillas de sésamo.

Preparación: Cortar la cebolla, las ramitas de apio. Saltear los brotes con la cebolla, luego poner en un bol junto con los fideos. Mezclar la salsa de soja, el jugo de limón, el aceite, las semillas, a gusto pimienta, con esta preparación aderezar la ensalada.

ENSALADA RUBÍ

Ingredientes: 10 rabanitos cortados en rodajas, 2 manzanas verdes cortadas en tajaditas, 1 morrón en juliana, 1 planta de rúcula cortada fina, 1 pote de yogurt, aceite de oliva, pimienta, jugo de naranja.

Preparación: Poner todos los ingredientes ya lavados y cortados en una ensaladera, mezclar el yogurt con aceite y pimienta, el jugo y condimentar la ensalada.

ENSALADA RUTH (o entrada)

Ingredientes: 1 lata chica de palmitos, 2 paltas medianas, 1 manzana verde, 1 cucharada al ras de semillas de amapolas. Jugo de limón o naranja agria, aceite de oliva, 100 gr. de lomito ahumado.

Preparación: Cortar los palmitos en rodajas, las paltas en gajos, las manzanas en cubos, el lomito en juliana, mezclar todo, condimentar con el jugo de limón y el aceite. Esta ensalada se puede servir como entrada, también se puede reemplazar el lomito por camarones.

ENSALADA SOL CARIBE

Ingredientes: 1 mamón o mango, 1 cucharadita de coco rallado, 20 rabanitos, 1 taza de porotos negros hervidos, jugo de limón, aceite, hojas de rúcula.

Preparación: pelar el mamón o mango, cortar en cubos, lavar los rábanos y cortarlos en cuartos, mezclar con los porotos ya hervidos, condimentar con el jugo de limón, el aceite, espolvorear con coco rallado, mezclar todo con las hojas de rúcula.

ENSALADA TIPO PIAMONTESCA

Ingredientes: ½ repollo blanco, ½ repollo colorado, 4 anchoas en aceite, 2 dientes de ajo, aceite de oliva, 2 cucharadas de yogurt natural.

Preparación: Lavar bien los repollos, retirar las nervaduras y cortarlos en juliana, pasarlo por agua caliente, que se amortigüe un poco, picar las anchoas y mezclar con el yogurt, con esta preparación aderezar la ensalada.

ENSALADA VERDE

Ingredientes: 1 lechuga mantecosa, ½ atado de espinaca, 1 atado de rúcula, 2 manzanas verdes, aceite de oliva, jugo de limón.

Preparación: Lavar bien las verduras, escurrirlas y cortarlas con las manos, rallar la manzana y agregarle jugo de limón, mezclar bien todo y condimentar con un aderezo a elección.

MACEDONIA DE TOMATES

Ingredientes: 3 tomates grandes cortados en cubos, 2 cucharadas de cebolla picada, 4 huevos de codorniz duros, 150 gr. de mozzarella cortada en cubos, 10 aceitunas negras cortadas en cuartos, cilantro, aceite de oliva, pimienta, 1 cucharadita colmada de mostaza en grano, jugo de limón.

Preparación: Lavar todo, poner en una ensaladera los tomates con piel, cortados en cubos, el queso, los huevos cortados en cuartos, las aceitunas, el cilantro picado, mezclar en un bol el aceite con el jugo de limón, la mostaza en grano y la pimienta, con esta preparación aderezar la ensalada.

NARANJAS DEL CAMPO CON SÉSAMO

Ingredientes: 3 naranjas firmes, 2 cebollas, 1 cucharada de sésamo, aceite de oliva, cebollitas verdes, sólo la parte verde.

Preparación: Pelar las naranjas, sacar las partes blancas, pelar las cebollas, cortar en rodajas, poner en una fuente capas de naranjas, una de cebollas, así hasta terminar, espolvorear con semillas de sésamo tostadas, y cebollita verde picada, condimentar con aceite de oliva.

PIMIENTOS ASADOS EN ENSALADA

Ingredientes: 4 pimientos rojos, 2 dientes de ajo, aceite de oliva, jugo de limón, 2 tomates.

Preparación: Asar los pimientos en el horno, pelarlos y cortarlos en tiras, picar los ajos, los tomates rallarlos, mezclar todo. Condimentar con unas gotas de limón y aceite de oliva.

SALTEADA DE VERANO

Ingredientes: 1 taza de arroz integral cocido, 1 taza de chauchas en cubos cocidas, 1 morrón rojo asado, 1 taza de brotes de soja, 1 diente de ajo, 1 zanahoria cortada en juliana o rallada gruesa, berros, 1 cucharadas de semillas de hinojo u otras, a gusto.

Preparación: Pelar los pimientos y cortarlos en tiras, saltear con una gota de aceite la zanahoria, los ajos y los brotes, en un bol mezclar el arroz y las verduras, condimentar con una vinagreta servir sobre un colchón de berros el salteado y adornar con las tiras de pimiento.

SALSAS CALIENTES

CREMA DE BRÓCOLIS

Ingredientes: 1 cucharada de crema de leche de bajo tenor graso, 1 diente de ajo, 3 flores de brócolis hervidas, pimienta, 1 cucharada de semillas de lino.

Preparación: Picar los brócolis, en una cacerola poner el ajo picado bien chiquito, unas gotas de aceite, el brócoli, la crema, la pimienta. Servir con pastas, espolvoreando por encima con las semillas.

CURRY A LA CREMA

Ingredientes: 1 cucharadita de curry, 2 puerros, 1 cucharada de queso untable bajo en grasas, 1 copa de vino blanco seco o leche descremada.

Preparación: Picar los puerros y saltearlos hasta que se doren, mezclar el queso con el vino, agregar a la preparación junto con el curry, mezclar que hierva unos 4 minutos y apagar, no sobrecocinar. Servir con carnes pescados, pastas etc.

PIMIENTAS EN SALSA

Ingredientes: 1 diente de ajo, aceite de oliva, cado de carne y verduras, no en cubito, bien concentrado, 1 cucharada colmada de pimienta blanca, 1 de pimienta negra y 1 de pimienta de Jamaica, todas en grano, 1 cucharada de maicena.

Preparación: Poner en una cacerola el ajo picado, unas gotas de aceite de oliva, y las pimientas bien machacadas, agregar el caldo, y la maicena diluida. Tapar y dejar reducir, si desea una salsa más espesa agregar una cucharadita más de maicena. Servir caliente acompaña también con carnes.

SALSA DE ESPINACAS

Ingredientes: 1 atado de espinacas bien tiernas, 1 diente de ajo, nuez moscada, pimienta, 2 cucharadas de leche descremada.

Preparación: Lavar muy bien las hojas de espinacas, luego pasarlas por agua hirviendo para amortiguarlas solo un poco. Saltearlas con un diente de ajo bien picadito. Procesar todo, condimentar con nuez moscada, agregar la leche y unas gotas de aceite de oliva, calentar. Con esta preparación salsear pastas, aves.

SALSA DE LIMÓN

Ingredientes: jugo y cáscaras de 2 limones, caldo, perejil bastante, pimienta, 1 cucharada de maicena.

Preparación: Licuar el perejil con el caldo, agregar en una cacerola junto con el limón y la pimenta, dejar cocinar unos 5 minutos y agregar la maicena disuelta, dejar espesar. Servir caliente acompañando carnes, vegetales, etc.

SALSA DE PUERRO

Ingredientes: 1 atado de puerro, 1 diente de ajo, 1 cebolla, pimienta, 1 cucharada de maicena.

Preparación: Lavar muy bien los puerros, cortar la cebolla en cubos bien chiquitos, cortar los puerros a la mitad y luego en juliana, rehogar junto al diente de ajo picado, cuando está rehogado agregar la maicena diluida en 1 taza de caldo, condimentar con pimienta y dejar unos segundos que espese, esta salsa acompaña carnes pastas etc.

SALSA ROQUEFORT

Ingredientes: 1 pote de yogurt natural, 100 gr. de queso roquefort, unas gotas de jugo de limón, caldo de verduras cantidad necesaria, páprika.

Preparación: Pisar el queso con un tenedor, llevar a hervor con un poco de caldo para derretir un poco el queso, agregar unas gotas de limón y páprika. Luego agregar el yogurt. Acompaña carnes, pastas, vegetales.

SALSAS—ADEREZOS— VINAGRETAS

ACEITE CON OLIVAS

Ingredientes. 1 litro de aceite neutro, 100 gr de aceitunas verdes, 100 gr de negras sin carozo.

Preparación: poner dentro de la botella con aceite las aceitunas sin carozo, tapar y dejar en reposo unos 30 días. Usar. Se pueden agregar 2 dientes de ajos.

ADEREZO A LA MOSTAZA

Ingredientes: 1 cucharada de mostaza en grano, jugo de un limón o 2 cucharadas de vinagre de manzana, pimienta, 2 cucharadas de agua, 1 cucharada de aceite de maíz.

Preparación: Mezclar todos los ingredientes, agregar 1 o 2 cucharadas de agua para adelgazar la preparación. Condimentar las ensaladas, carnes etc.

ADEREZO CON SEMILLAS

Ingredientes: 1 cucharada de semillas de sésamo, 1 de girasol, 1 de lino, ½ litro de caldo, 1 taza de aceite, jugo de limón, romero.

Preparación: Dejar las semillas en remojo, una noche en caldo, luego retirar el líquido y licuar con aceite, el jugo de limón, poner en un recipiente y agregar unas hojitas de romero.

ADEREZO DE HIERBAS

Ingredientes: 1 rama de perejil, de estragón fresco, orégano fresco, albahaca, tomillo, cebollitas verde, sólo la cebollita, 1 hoja de laurel, 2 dientes de ajo, vinagre de manzana, ½ taza de aceite le oliva, granos de pimienta.

Preparación : lavar muy bien y procesar todas las hierbas, sin el laurel, incluida la pimienta previamente machacada, poner en un frasco con tapa, agregar por encima un poco más de aceite, el laurel, cerrar y mantener en heladera. Se puede guardar por 2 semanas, usar para condimentar ensaladas, carnes hervidas, pescados, pastas.

ADEREZO DE PEREJIL

Ingredientes: 1 taza de aceite, perejil picado, ¼ taza de vinagre de manzana, 1 cucharada de mostaza, pimienta, agua ½ pocillo.

Preparación: lavar bien las hojas de perejil, picarlas y ponerlas en la licuadora con agua, vinagre y el aceite. Poner en un recipiente agregar pimienta, mezclar se puede conservar unos días. Se puede agregar ajo a gusto, (provenzal).

ADEREZO DE YOGURT

Ingredientes: 1 vaso de yogurt natural descremado, 2 tomates medianos, 1 cucharada de perejil picado, 3 rabanitos rallados, 1 cucharada de jugo de limón, pimienta y orégano.

Preparación: Poner en la licuadora todo, el yogurt, los tomates, el perejil, los rabanitos rallados, el jugo de limón, licuar luego poner en un recipiente, agregar pimienta y orégano, mezclar, listo para usar con vegetales, ensaladas, carnes.

ADEREZO MEDITERRÁNEO

Ingredientes: 2 dientes de ajo, 1 pimiento rojo, 15 aceitunas negras, 2 cucharadas de semillas de apio, 2 cucharadas de semillas de anís, 1 vaso de vinagre de manzana, jugo de 2 limones, orégano, aceite de oliva.

Preparación: Saltear los ajos cortados en láminas junto con el pimiento en cubos chiquitos, agregar las semillas, el vinagre, el orégano, el limón y las aceitunas, por último, cuando todo esté frío el aceite de oliva. Mantener en heladera un mes usar con carnes, pescados, ensaladas etc.

CREMA DE RÚCULA

Ingredientes: ½ taza de queso crema light, aceite de oliva 2 cucharadas, ½ atado de rúcula, pimienta, caldo cantidad necesaria.

Preparación: Licuar todo con el caldo, la rúcula, el queso, condimentar con pimienta. Para aderezar ensaladas, carnes, pescados.

CHUTNEY DE PERAS

Ingredientes: 1 kg. de peras maduras, 3 cebollas rojas, 1 cucharadita de edulcorante líquido apto para cocción, ½ pocillo de vinagre, 1 cucharadita de locoto en polvo, 1 cucharada de aceite, agua cantidad necesaria.

Preparación: Pelar las peras y cortarlas en cubos, las cebollas en pluma (juliana), dorar las cebollas en una olla, sin aceite, agregar las peras, el edulcorante, muy poca agua (unas 3 cucharadas) y un poco del vinagre. Poner a fuego suave e ir agregando de a poco agua, sólo para que no se queme, luego de unos 15 a 20 minutos agregar el resto del vinagre y un poco del locoto, dejar cocinar, ir mezclando, como hacer un dulce. Probar la acides y el picor según el gusto de cada uno gusto. Las peras se pueden cambiar por mango.

MAYONESA DE ZANAHORIAS.

Ingredientes: 3 zanahorias, jugo de ½ limón, 1 cucharada de mostaza, 1 diente de ajo, 1 pocillo de aceite aproximadamente, pimienta.

Preparación: Hacer hervir las zanahorias, hasta que estén bien tiernas, dejar entibiar, secarlas y picarlas, picar el ajo y poner todo junto en la licuadora, (zanahoria, ajo, mostaza, aceite y pimienta). Listo. Dejar enfriar y servir.

PESTO DE BERRO

Ingredientes: 4 a 6 dientes de ajo, ½ planta de berros, ½ litro de aceite de oliva, limón, nueces a gusto, pimienta.

Preparación: colocar en licuadora el ajo, las hojas de berro, bien lavadas, pimienta, limón y aceite de oliva. Licuar hasta obtener la textura deseada. Picar las nueces con cuchillo y agregar a la preparación.

SALSA DE MANGO—(frío o caliente)

Ingredientes: 1 mango maduro, 1 cebolla, 1 diente de ajo, 1 ají con picor, hojas de menta y semillas de sésamo a gusto.

Preparación: En una sartén agregar la cebolla y el ajo, agregar unas gotas de aceite de oliva, cuando estén transparentes, agregar el mango picado y el ají a gusto. Dejar cocinar a fuego suave, Si se desea una textura suave, tipo crema procesar. Agregar hojas de menta picaditas y semillas de sésamo al servir.

VINAGRETA DE JENGIBRE

Ingredientes: Jugo de 1 limón, jengibre a gusto, 2 cucharadas de mostaza, 2 cucharadas de aceite de oliva.

Preparación: Picar o rallar grueso el jengibre, mezclar con el limón, la mostaza, el aceite, mezclar bien. Para condimentar, ensaladas, vegetales al vapor, etc.

CARNES

- **POLLO**

AVE AL YACÓN

Ingredientes: 1 pollo, 2 dientes de ajo, romero, 2 limones, 1 sobre de yacón deshidratado, 1 cucharadita de maicena, 1 cucharada de crema de leche bajo tenor graso. Yacón seco para espolvorear, pimienta, nuez moscada. (El yacón se puede reemplazar por manzanas verdes).

Preparación: Limpiar el pollo, sacar la piel y la grasa, hidratar en vino el yacón. En una cacerola caliente poner el pollo en presas, junto con los ajos picados, agregar el jugo de limón, el yacón con el vino que fue hidratado, dejar cocinar a fuego lento unos 15 minutos, luego agregar la maicena disuelta en liquido frio, cuando tome cuerpo agregar la crema, bastante pimienta y nuez moscada. Servir espolvoreando con yacón seco acompañado de chauchas al vapor.

ARROLLADO ANDINO

Ingredientes: 1 pechuga, 150 gr. de quinua, 8 aceitunas negras, 1 pimiento rojo y 1 amarillo, 150 gr. de queso de cabra, 1 cucharada de semillas de sésamo, pimienta, limón, ajo y perejil.

Adobo: jugo de limón, cúrcuma, salvia, romero, pimienta en grano.

Preparación: Filetear las pechugas formando finos bifes. Preparar el adobo, mezclando todos los ingredientes. Bañar los bifes de pollo. Dejar macerar en heladera tapado 1 hora por lo menos. Lavar y refregar suavemente la quinua varias veces hasta que el agua del lavado este limpia y transparente. Hervir durante 15 minutos (similar al arroz). Filetear las aceitunas, cortar en juliana los pimientos, picar el ajo y el perejil y cortar en bastones el queso de cabra. En cada bife colocar por encima el ajo, perejil, pimienta y sal, luego poner en uno de los bordes la quinua hervida, las aceitunas los pimientos, el queso, y finalmente enrollar. Envolver en papel film y llevar a cocción en abundante agua 30 minutos. Una vez cocido extraer el papel film. Servir acompañado con 3 o 4 papitas andinas y bañados con pesto de berro.

BAÑADO DE NARANJA

Ingredientes: 1 kg. de patas y muslos sin piel, pimienta, 2 cucharadas colmadas de mostaza, 2 cucharadas de fécula de maíz, jugo de 6 naranjas, edulcorante a gusto, 1 taza de caldo, 2 dientes de ajos.

Preparación: En una cacerola baja poner el pollo, condimentado con la pimienta, agregar la mostaza disuelta en el jugo de naranja, y los ajos picados, tapar y dejar cocinar a fuego suave unos 30 minutos; si es necesario agregar caldo. Luego agregar la maicena disuelta en líquido frío, dejar espesar. Servir caliente acompañado de puré de vegetales, adornando con cáscaras de naranja.

BIFES MARINADOS

Ingredientes: ½ kg bifes de pechugas, hojas de romero, 1 diente de ajo, jugo de limón, 1 cucharada de acheto balsámico, 1 cucharada de aceite de oliva, curry.

Preparación: Limpiar los bifes, marinarlos con el acheto, el ajo, el curry, el jugo de limón y las hojas de romero. Dejar en heladera un par de horas. Retirar y cocinar en parrilla o plancha, ir pincelando con la marinada de los dos lados. Servir con puré de garbanzos y adornar con cascaritas de limón.

BOCADOS DE POLLO A LA PROVENZAL

Ingredientes: 4 muslos de pollo de buen tamaño, 4 zucchinis, 1 pimiento rojo, 1 amarillo, 2 limones, paprika, hojas de romero, provenzal (ajo y perejil), 1 cucharada de aceite de maíz.

Preparación: Deshuesar el muslo, retirar la piel. Uno de los limones exprimirlo y agregarle un poco de paprika y las hojas de romero, mezclar bien esta vinagreta y adobar los muslos, taparlos con un film y dejarlo unas horas en heladera. Mientras, picar en juliana los pimientos y los zucchinis. Saltear con una gota de aceite de maíz sólo que lubrique la sartén, primero los pimientos y después los zucchinis. Retirar los muslos, abrirlos y poner sobre la parte interna bastante provenzal, cerrar o enrollar, sellarlos por todos sus lados e ir acomodándolos en una fuente para horno, encima de cada uno poner una rodaja del limón, agregar el líquido de la marinada, un poco de provenzal por encima y llevar a horno hasta que esté cocido no seco. Si la porción es grande cortarla a la mitad. Servir las verduras como base y encima el bocado de pollo. Adornar con hojas de perejil.

CAZUELA DE POLLO

Ingredientes: 1 pechuga de pollo, 4 presas de pollo sin piel, 1 cebolla, 2 zanahorias, 2 dientes de ajo, perejil, comino, aceite de oliva, caldo de verduras, laurel, 1 lata de garbanzos, 1 ramita de apio.

Preparación: Poner en una cazuela el pollo, sellarlo de ambos lados. Agregar el ajo, la cebolla y la zanahoria cortada en cubitos, el apio, agregar el caldo. Dejar hervir, y bajar el fuego, a los 20 minutos de cocción agregar los garbanzos, el comino y unas gotas de aceite de oliva. Apagar, servir espolvoreado con perejil.

ESTOFADO DE MENUDOS

Ingredientes: 800 grs. de menudos (panzas, corazón e hígados, bien desgrasados), 1 pimiento verde, 1 zanahoria, 2 cebollas, 2 tomates, orégano, pimienta negra, laurel, hongos secos, 1 vaso de vino tinto seco.

Preparación: Poner los hongos en remojo con el vino. Limpiar bien los menudos y darles un hervor de 5 minutos a las panzas y 2 minutos a los hígados y corazón. Retirar y poner en agua fría, lavarlos. Picar la cebolla, el pimiento, el tomate, la zanahoria en cubos pequeños. Poner en una cacerola, 2 gotas de aceite de oliva y rehogar las verduras, sin el tomate. Agregar los menudos lavados, los hongos, el tomate, el vino y los condimentos, dejar cocinar unos 20 minutos. Se puede acompañar con un timbal de arroz integral, un puré de garbanzos o sólo con un huevo por comensal cocido por encima, espolvoreado con perejil.

HAMBURGUESAS DE POLLO

Ingredientes: ½ kg de pechuga molida, 1 huevo, ½ atado de espinacas, 2 zanahorias ralladas, 2 dientes de ajo, perejil, limón, 1 cucharada de mostaza en polvo, nuez moscada.

Preparación: Lavar, cocinar las espinacas y escurrirlas; rallar las zanahorias y dejarlas macerar con jugo de limón, picar el ajo, el perejil, las espinacas, agregar a la carne junto con el huevo, la mostaza, las zanahorias ralladas, nuez moscada. Unir bien la preparación, armar las hamburguesas y cocinar en horno o en la plancha, acompañar con ensaladas.

HIGADITOS FLORENTINOS

Ingredientes: 1 kg. de hígados de pollo, 1 cebolla, 1 pimiento, 2 dientes de ajo, 1 zanahoria, 20 aceitunas negras, aceite cantidad necesaria, ají de cayena, 1 copa de vino blanco seco, perejil.

Preparación: Picar la cebolla, el ajo, el pimiento, y la zanahoria. Poner todo en una cacerola como si estaría rehogando, luego agregar los hígados. Bien limpio, mezclar y agregar el vino, el aceite, condimentar, dejar cocinar suavemente unos 15 a 20 minutos, agregar las aceitunas fileteadas. Al servir espolvorear cada plato con perejil picado, Se pude acompañar con pastas, arroz, puré de calabaza y acelga.

PAPILLOT—(1 porción)

Ingredientes: 1 bife de pechuga de pollo sin piel, 1cebolla chica, 1 diente de ajo, 1 ramita de apio, ½ manzana verde, tiras de morrón rojo o amarillo, ½ zanahoria, papel aluminio, pimienta, orégano, ½ feta de queso bajo en grasas, ½ limón.

Preparación: Extender el papel aluminio, encima colocar la cebolla cortada en pluma, la manzana cortada en rodajas con cáscaras, acomodar el bife condimentado con el jugo de limón, orégano, pimienta y el ajo picado, arriba poner el apio, el pimiento, la zanahoria cortados en juliana, sobre los vegetales la feta de queso, cerrar bien el papel aluminio y llevar a horno unos 20 minutos. Servir con el papel aluminio cerrado.

PASTELITOS DE POLLO Y CHAMPIÑONES

Ingredientes: 1 paquete de masa para empanadas de copetín, 1 pechuga hervida, 100 gr. de aceitunas verdes picadas, 1 cebolla, 10 bulbos de cebollita verde picadas, 100 gr. de champiñones fileteados, 1 pimiento rojo o amarillo, pimienta de cayena o ají, orégano, 1 cucharada de aceite, 1 cucharada de semillas de eneldo, limón, caldo cantidad necesaria.

Preparación: Picar el pimiento, la cebolla y la cebollita verde, rehogar con una gota de aceite de oliva, agregar los champiñones, una vez rehogado todo agregar el pollo desmenuzado y condimentar con orégano, pimienta, unas gotas de limón, las semillas de eneldo, si es necesario agregar un poco de caldo.

Armado: Con las manos estirar un poco la masa, rellenar y cerrar formando un cuadrado con el centro abierto, cocinar en horno fuerte hasta que dore, servir 2 pastelitos acompañados de ensalada de achicoria.

PECHUGAS CON ALMENDRAS

Ingredientes: 1 pechuga de pollo, 1 cebolla, 1 pimiento rojo, 2 zucchinis, 100 gr. de almendras, ½ taza de salsa de soja, jengibre rallado a gusto, aceite cantidad necesaria.

Preparación: Cortar el pollo en filetes y luego en tiras, adobar el pollo en la salsa de soja y el jengibre durante al menos una hora. Cortar los pimientos y las cebollas en juliana gruesa, cortar los zucchinis en cubos, las almendras partirlas a la mitad y llevarlas unos minutos a horno moderado, cuidando que no se quemen. En una sartén grande, a fuego vivo, agregar el pollo bien escurrido, mezclar. Cuando esté dorado retirarlo y agregar los pimientos, la cebolla y cocinar unos minutos, siempre revolviendo, agregar los zucchinis, cuando estén cocidos agregar el pollo, la salsa de soja y las almendras. Cocinar un minuto y servir.

PECHUGUITAS SABORIZADAS

Ingredientes: ½ kg. de bifes de pollo (pechugas), 1 pocillo con jugo de vinagre de manzana o jugo de limón, 2 dientes de ajo, estragón, pimienta machacada, romero, 1 pimiento verde, 1 pimiento rojo, ½ cucharada de curry.

Preparación: Poner en un bol el vinagre, la pimienta aplastada, el ajo picado, las hierbas y el curry, mezclar y poner a macerar los bifes, cortar los pimientos en tiritas, poner en una cacerola unas gotas de aceite de oliva, las pechugas y parte del líquido de maceración con el caldo, tapar y cocinar a fuego suave 35 minutos. Servir con un timbal de quinua.

POLLO AL AJILLO

Ingredientes: 4 presas sin piel, 4 dientes de ajos grandes, 1 vaso de vino blanco, 6 bulbos de cebollitas verde, orégano, paprika, 2 tazas de garbanzos hervidos.

Preparación: Limpiar bien el pollo, poner en una cacerola junto con los ajos picados, que tomen un poco de color, agregar las cebollitas de verdeo picadas entera, parte verde y blanca, el vino, las arvejas con líquido de cocción, condimentar con páprika, orégano, dejar cocinar a fugo suave. Servir acompañado con puré de vegetales.

POLLO A LA MOSTAZA

Ingredientes: 4 presas sin piel, ½ vaso de vino blanco, estragón, pimienta, mostaza en polvo 2 cucharadas, semillas de sésamo, 1 cebolla, caldo cantidad necesaria.

Preparación: Cortar la cebolla en pluma, colocar en una cacerola, encima las presas de pollo, el estragón, mezclar la mostaza con el vino, la pimienta y agregar. Cocinar a fuego suave unos 30 minutos, agregar caldo. Servir con vegetales al vapor.

POLLO CON VEGETALES

Ingredientes: 1 pechuga de pollo, 1 pimiento rojo, 1 pimiento verde, 1 pimiento amarillo, 1 cebolla grande morada, 1 zapallito verde, 1 rama de apio, cebollitas de verdeo, pimienta a gusto, gotas de limón, aceite cantidad necesaria o aceite en spray. Brotes de girasol a gusto.

Preparación: Cortar los pimientos en finas tiras, cortar la cebolla en aros gruesos, cortar en bastoncitos el zapallito, lavar el apio y cortarlo en trozos. Calentar una sartén, agregar el aceite o spray. Poner las verduras: los pimientos, las cebollas, el apio, zapallitos y los brotes, condimentar, revolver y cocinar unos 10 minutos a fuego moderado. Aparte filetear las pechugas finas y en otra sartén, dorarlas de ambos lados. Una vez doradas agregar el limón, y mezclar con las verduras, cocinar unos 5 minutos más y servir caliente. Acompañar con un mini timbal de arroz.

POLLO JOSEFA

Ingredientes: 1 pollo sin piel, 2 pimientos rojos asados, 2 o 3 dientes de ajo, aceite de oliva, ½ kg. de tomates, pimienta negra.

Preparación: Cortar el pollo en presas chicas, poner en una sartén a sellar, cortar el ajo en láminas y los tomates sin piel picarlos, agregar al pollo. Dejar cocinar unos 20 minutos y agregar los pimientos asados, pelados y cortados en tiras, agregar pimienta y unas gotas de aceite de oliva. Dejar cocinar unos minutos más, servir caliente con arroz integral, o una papa chica hervidas con cáscaras.

- **VACUNA**

ALBONDIGÓN ESPECIADO

Ingredientes: 400 gr. de carne molida magra, 1 cebolla grande, perejil, 150 gr. de ricota, 1 huevo, pimienta, orégano, 2 dientes de ajo, 1 limón.

Preparación: Condimentar la carne con el orégano, la pimienta y el limón, mezclar y dejar reposar. Mientras poner en la licuadora el huevo, el perejil, los ajos, la cebolla. Agregar todo a la carne junto con la ricota, mezclar como amasando, debe quedar todo bien integrado. Luego formar con las manos húmedas albóndigas del tamaño deseado, por encima rociar con jugo de limón y unas gotas de aceite de oliva, llevar a horno según el tamaño unos 10 minutos y dar vuelta. Acompañar con ensaladas.

ARROLLADO AMERICANO

Ingredientes: ½ kg. de carne molida sin grasa, ½ atado de espinacas o acelga, ají, pimienta, nuez moscada, 2 huevos, 1 zanahoria hervida cortada en 4, 1 pimiento asado, 6 aceitunas negras sin carozo, 4 tomates, 2 cebollas, orégano, ½ vaso de vino, 1 diente de ajo.

Preparación: Blanquear la espinaca, escurrirla, picarla y mezclarla con la carne, los huevos, el ají, la nuez moscada y el ajo picado. Mezclar muy bien todo hasta que quede una pasta uniforme. Dividir en 2 la preparación. Sobre un film o una bolsa plástica sin uso, poner una parte encima del mismo, estirar de tal manera que quede como un matambre. Para rellenar, poner encima de la carne estirada las 2 tiras zanahorias, las tiras de pimiento asado, las aceitunas cortadas en cuartos, los tomates cortados en rodajas gruesas. Con ayuda del plástico enrollar formando un rollo o matambre. En una fuente para horno poner como base las cebollas y los tomates cortados en rodajas, el ajo picado, orégano y el vino, poner encima el rollo y llevar a horno unos 40 minutos aproximadamente. Para que no se seque agregar caldo y unas gotas de aceite de oliva.

BROCHET (Peceto Hervido)

Ingredientes: 1 kg. de peceto hervido en un caldo bien sabroso, 1 cucharada de salsa inglesa, 4 fetas de queso, 2 zanahorias hervidas, 100 gr. de aceitunas negras sin carozo, 2 tomates o ¼ de tomates cherry, palitos de brochetes, 1 cucharada de limón.

Preparación: Cortar el peceto en cubos, mezclar la salsa inglesa con un poco de caldo y un poco de limón o vinagre, poner en la carne. Cortar las zanahorias en tiras gruesas envolverlas con el queso, luego cortar del tamaño de la carne. Lavar los tomates. Armar los brochetes: un cubo de carne, un rulo de queso, una aceituna, un tomate, así hasta terminar. Armar 1 o 2 por personas, se pueden comer fríos o calientes.

CAZUELA DE QUINUA

Ingredientes: 4 discos de empanadas de hojaldre, 2 cebollas. 2 bulbos de cebollitas verdes, 1 pimiento rojo, 2 dientes de ajo, ¼ kg. de bola de lomo, 300 gr. de quinua hervida, caldo cantidad necesaria, pimentón, aceite de oliva, comino, 300 gr. de zapallo, 1 cucharada de maicena optativa.

Preparación: Lavar muy bien la quinua, la carne picarla en cubos, picar las cebollas, el pimiento, los ajos. Poner en una cacerola todo a rehogar, luego agregar el zapallo cortado en cubos, agregar el caldo, dejar cocinar unos 5 minutos y agregar la quinua ya lavada, cocinar por unos 15 minutos. Condimentar con el pimentón, el comino, agregar la maicena disuelta para que espese el jugo. Luego poner en cazuelas individuales, tapar cada cazuela con una masa estirada (hacerla más finita) y llevar al horno hasta que la masa dore. La misma preparación se puede servir en plato, sin la masa y espolvoreando con un poco de queso por encima.

LOMO CON PIMIENTA

Ingredientes: 4 bifes de filet o 600 gr. de lomo, pimienta negra molida, aceite unas gotas, 1 copita de vino blanco o coñac, 1 cucharada de crema baja en grasas.

Preparación: Espolvorear los bifes con la pimienta negra, poner en una sartén con unas gotas de aceite, dorarlos de ambos lados, retirarlos y agregar el coñac o vino y la crema, dejar unos segundos y poner los bifes. Servir caliente con vegetales.

LOMO PIAMONTÉS

Ingredientes: 4 bifes de lomo, 1 pimiento rojo, 1 amarillo, 2 cebollas, 1 berenjena, ají, 1 cucharada de crema de leche bajo tenor graso, apio a gusto, tomillo.

Preparación: Cocinar el lomo a la plancha o a la parrilla. Cortar los pimientos y la cebolla en juliana, la berenjena en cubos pequeños y el apio. En una sartén saltear los cubos de berenjena, el apio, los pimientos y la cebolla. Cuando están cocidos agregar el ají y la crema de leche. Servir los bifes cocidos a gusto y encima de cada uno poner un poco de los vegetales salteados, espolvorear con tomillo fresco.

PECETO A LA ROBERTA

Ingredientes. 1 peceto chico, ½ kg de cebolla, 2 dientes de ajo, pimienta, orégano, 1 copa de vino blanco, caldo cantidad necesaria.

Preparación: Picar la cebolla y los ajos. En una satén profunda con tapa, dorar la carne por todos sus lados, agregar la cebolla y los ajos dejar que transparente la cebolla, agregar el vino, el orégano, dejar cocinar a fuego muy suave durante media a una hora de cocción, aproximadamente. Agregar caldo si hace falta de a poco, y condimentar con la pimienta. Una vez cocido cortar en fetas, servir bañado con la salsa y puré de berenjenas.

PECETO A LA VINAGRETA (comer frío)

Ingredientes: ½ peceto hervido, fetas bien finitas, 3 cebollas, 2 dientes de ajo, perejil, pimienta, aceite, vinagre.

Preparación: Picar las cebollas bien chiquitas, el ajo y el perejil, poner en un bol, agregar la pimienta, el vinagre y aceite mezclar bien la vinagreta. En una fuente acomodar una capa de fetas de peceto, encima vinagreta, así hasta terminar con vinagreta, adornar con huevo duro picado.

PECETO CON FRUTAS

Ingredientes: 1 peceto chico, jengibre, 4 fetas finas de ananá, 2 naranjas, 1 cucharada de mostaza, caldo, 1 cucharada de maicena, unas gotas de edulcorante líquido, 1 cucharadita de cúrcuma.

Preparación: Dorar la carne, agregar el jengibre picado o rallado a gusto, la mostaza y la cúrcuma disuelta en caldo y dejar cocinar 1 hora. Luego agregar el jugo de naranja con las gotas de edulcorante y el ananá cortada en cuartos, dejar cocinar ½ hora y agregar la maicena disuelta para que espese suavemente la salsa. Se puede acompañar con chauchas al vapor.

PECETO HERVIDO

Tener un peceto hervido nos permite porcionarlo y utilizarlo en diferentes preparaciones.

Ingredientes: 1 peceto grande, verduras (apio, ajo, puerro, cebolla, pimiento, etc.) y condimentos (pimienta, ají, laurel, orégano, semillas de comino, cardamomo, etc.).

Preparación: Dorar el peceto en una cacerola por todos sus lados, agregar las verduras cortadas y caldo caliente, bien saborizado. Dejar cocinar aproximadamente 1 hora y media, según el tamaño, a fuego suave, si es necesario agregar caldo caliente. Dejar enfriar en el caldo, luego porcionar para freezar o para diferentes preparaciones. El caldo utilizarlo para enriquecer otras preparaciones.

PECETO PRIMAVERA (Hervido)

Ingredientes: 4 fetas de peceto hervido, 2 zanahorias, 6 hojas de repollo, ajo, perejil, 1 taza de chauchas hervidas, ají, orégano, caldo cantidad necesaria, 1 copita de vino blanco seco.

Preparación: Cortar las zanahorias en juliana, las chauchas en cubos, picar el ajo y el perejil. Agregar todo en una cacerola, condimentar con ají, orégano, agregar el vino y un poco de cado, dejar cocinar suavemente. Una vez cocido poner encima las rodajas de peceto a calentar. Servir la carne con las verduras, espolvorear con perejil, y acompañar con una papita hervida con cáscara.

RULET RELLENO

Ingredientes: 8 bifes de carne cortado finito, (pulpa o bola de lomo) sin grasa, 1 zanahoria hervida, 1 puerro, hojas de espinacas, nuez moscada, ajo, pimienta, hojas de romero, 1 tomate, caldo, palitos.

Preparación: Aplanar bien los bifes, condimentar con pimienta, nuez moscada y ajo. Encima de cada uno poner hojas de espinacas bien lavadas, en un borde una tirita de zanahoria, una de tomate y una de puerro, enrollar y sujetar con un palito, ponerlos en una cacerola con ajo picado, caldo sólo que apenas cubra la carne y hojas de romero a cocinar a fuego suave, durante unos 20 minutos. Servir acompañados con verduras al vapor.

SALTEADO AL WOK

Ingredientes: ½ kg de bola de lomo cortada finita, 1 pimiento rojo, 1 verde, 1 amarillo, 2 cebollas, 4 cebollitas verdes, 25 cc. de salsa de soja, pimienta, 1 cucharada de maicena, 3 cucharadas de semillas de sésamo, caldo cantidad necesaria, 1 cucharadita de aceite de oliva, 2 dientes de ajo.

Preparación: Cortar la carne en finas tiras, los pimientos en tiras cortas, la cebolla en pluma, la cebollita verde picada (entera). En un *wok* o sartén agregar el aceite y los ajos machacados, que se doren suavemente, retirar y agregar los pimientos, saltearlos a fuego fuerte, agregar las cebollas, cuando transparenten agregar la carne, mover la sartén, bajar el fuego y agregar la salsa de soja, la maicena disuelta en caldo, la pimienta, dejar espesar y agregar la cebollita verde. Al servir espolvorear con las semillas de sésamo.

SALTIMBOCCA

Ingrediente: 4 bifes cortados finos, 8 hojas de salvia fresca, 4 fetas de jamón crudo, ½ copa de vino tinto, ½ taza de caldo, pimienta a gusto, harina integral cantidad necesaria, un poquito de aceite de oliva, 4 palillos.

Preparación: Golpear la carne para aplanarla y tiernizarla, condimentar con pimienta, colocar 2 hojas de salvia sobre cada bife, encima poner la feta de jamón crudo, cerrar a la mitad y pasar por harina integral, dorar los saltimbocca de ambos lados en una sartén, agregar el vino y dejar que evapore suavemente, agregar un poco de caldo, mezclar suavemente para evitar que se pegue. Servir los saltimbocca calientes. Acompañar con verduras al vapor.

• CERDO—CONEJO—CORDERO—LLAMA

CARRÉ A LA MOSTAZA

Ingredientes: 600 gr. de carré, 2 cucharadas de mostaza en polvo, 1 cucharada de páprika, jugo de 1 limón, pimienta en grano, ajo en láminas, 1 cucharada de mostaza.

Preparación: Mechar el carré con los ajos, mezclar la mostaza, la páprika, la pimienta con el jugo del limón, disolver todo, bañar el carré con esta preparación y llevar a heladera unas 2 horas. Luego cocinar en horno unos 45 minutos aproximadamente o a la parrilla. Servir con puré de berenjenas espolvoreado con perejil.

CARRÉ GRILLE CON SALSA DE YACÓN

Ingredientes: 1 kg. de carré de cerdo, 2 cucharadas de mostaza, 1 cucharada de salsa de soja, 2 cucharadas de dulce de yacón, bastante pimienta., 2 cebollas, 1 limón su jugo, 1 diente de ajo. Se puede reemplazar el yacón por manzanas.

Preparación: Adobar el carré con jugo de limón, ajo y pimienta, dejar en heladera. Mientras, picar la cebolla, rehogar y añadir las dos cucharadas de dulce de yacón, la mostaza disuelta en la salsa de soja y un poco de agua, condimentar con bastante pimienta. Si quiere que la salsa sea más cremosa licuar la preparación. Cocinar unos minutos a fuego suave. Cortar el carré en medallones gruesos, cocinarlos a fuego fuerte en una parrilla o bífera, de ambos lados. Servir acompañado de papas andinas y la salsa de yacón.

CONEJO A LAS HIERBAS

Ingredientes: 1 conejo, 1 copa de vino blanco, 3 echalotes, salvia, tomillo, pimienta negra en grano, perejil, romero. 2 cucharadas de harina, rocío vegetal, caldo cantidad necesaria.

Preparación: Trozar el conejo, pasarlo por harina. En una sartén profunda con rocío vegetal dorarlo. Cortar los echalotes en cubos, agregar junto con el vino y las hierbas, dejar cocinar a fuego suave e ir agregando caldo, aproximadamente unos 35 minutos. Servir con vegetales salteados y espolvoreados con semillas de sésamo.

CONEJO EN CAZUELA

Ingredientes: 1 conejo, 1 taza de arvejas hervidas frescas, 2 tomates, 1 cebolla, 1 pimiento, 2 dientes de ajo, 1 vaso de vino blanco seco, 2 hojas de salvia, laurel, romero, pimienta, caldo cantidad necesaria, 1 papa cortada en cubos y hervida.

Preparación: Cortar el conejo en presas y poner a dorar en una cacerola, (sin materia grasa), cortar la cebolla, el tomate y el pimiento en cubos chicos, picar el ajo y agregar. Condimentar con el laurel, salvia, romero, pimienta, agregar las arvejas, el vino y caldo a medida que necesite. Servir acompañado con unos cubos de papas hervidas.

CORDERO AGRIDULCE—para varias porciones

Ingredientes: 1 pata de cordero, pimienta, romero, 4 dientes de ajo, 2 limones jugo y cáscara, 1 vaso de vino blanco seco, 1 cucharada de acheto, 1 pera, 2 cucharadas de jalea o dulce light, papel aluminio.

Preparación: Picar los ajos, el romero, sacar tiras de la cáscara de limón y jugo, mezclar todo y adobar la pata, tapar y llevar a heladera unas horas.

Luego retirar el líquido, reservarlo, envolver en aluminio y cocinar en horno una hora. Retirar el papel y agregar el líquido de maceración, el vino, la pera cortada en cubos, la jalea y pimienta. Dejar cocinar unos 40 minutos, que no se seque, si es necesario agregar caldo, licuar todo el fondo de cocción. Servir fetas con la salsa, acompañado con puré de berenjenas.

LLAMA CON HABAS DEL CAMPO

Ingredientes: 8 bifes de llama (paleta, bola de lomo, etc.) 2 cucharadas de ajo picado, comino, pimienta, cebollita verde, 2 tomates en cubitos, ½ kg. de habas peladas y hervidas, cúrcuma, maicena 1 cucharada.

Preparación: Aplastar los bifes, que queden finos sin romperlos, condimentar con el comino, pimienta, ajo picado, un poco de cúrcuma. Poner en una mitad unas cebollitas verdes, tapar con la otra mitad. En una cacerola poner rocío vegetal o una gotita de oliva y sellar los bifes, agregar los tomates y dejar cocinar unos 10 minutos, agregar si es necesario un poco de maicena para espesar suavemente. Mientras, a las habas ya hervidas y calientes, agregar el ajo picado, aceite de oliva, y con un tenedor pisarlas hasta formar un puré rustico. Servir 2 bifes con la salsa, espolvorear con semillas de amapola y 2 cucharadas de puré de habas.

MARINADO DE CONEJO A LA MENTA

Ingredientes: 1 conejo, 2 dientes de ajo, 1 cucharada de vinagre de manzana, pimienta en grano, 1 pimiento verde, 1 cebolla, hojas de menta (20 unidades), 2 zanahorias, 1 taza de vino blanco, perejil, tabasco, laurel, semillas de comino, rocío vegetal.

Preparación: Cortar en presas el conejo, cortar con las manos la menta mezclar con pimienta y el vinagre, en un bol poner el conejo con la preparación, llevar a heladera unas horas. Mientras cortar las verduras en juliana, picar el ajo. En una cacerola poner un poco de rocío vegetal y saltear el conejo, reservar la marinada, agregar las verduras, los condimentos, y el vino, dejar cocinar a fuego suave, agregar 1 cucharada de la marinada con unas hojitas de menta, antes de servir agregar el tabasco y unas gotas de edulcorante.

ROLLITOS DEL CAMPO

Ingredientes: 1 peceto de cerdo o cualquier carne sin grasa, palillos, páprika, 2 peras, 1 cebolla, provenzal, jugo de limón y ralladura, cardamomo 4 semillitas, hojas de menta, caldo cantidad necesaria.

Preparación: Cortar bifes del peceto y aplastarlos sin romperlos, adobarlos con provenzal y parte del jugo del limón, poner los palillos en agua. Mientras cortar en fetas ½ pera, el resto picarlo junto con la cebolla en cubos chicos. Retirar los bifes del adobo, encima de cada bife espolvorear con páprika, poner una feta de pera, unas cascaritas de limón y enrollar, sujetar con un palillo, así hasta terminar. En una sartén dorarlos, luego poner la cebolla y las peras picadas, agregar el adobo, el resto de jugo de limón, el cardamomo y unas hojas de menta, tapar y dejar cocinar unos 30 minutos a fuego suave, agregar caldo de a poco. Servir adornado con hojitas de menta.

SOLOMILLO BRIDADO

Ingredientes: 2 solomillos chicos, hilo, 2 manzanas verdes, 1 cucharada de mostaza en grano, páprika, 1 taza de arvejas cocidas, 2 tazas de chauchas, 1 vaso de vino tinto, aceite rocío.

Preparación: Atar los solomillos, en una sartén con unas gotas de aceite o rocío, sellar el solomillo, ponerlos en una fuente para horno, condimentarlos con la páprika y la mostaza en grano, agregar las manzanas cortadas en cuartos, sin las semillas y con cáscara, el vino, llevar a horno unos 25 minutos aproximadamente. Saltear las arvejas y las chauchas (ya hervidas) con ajo y una gota de aceite de oliva. Servir la mitad del solomillo por persona con el salteado de verduras, con un pequeño timbal de arroz, mejor si es integral.

SOLOMILLO CON SALSA DE HONGOS

Ingredientes: 8 rodajas (2 por porción) de solomillo, 200 gr. de hongos remojados en vino tinto, pimienta, 2 dientes de ajo, salvia, aceite cantidad necesaria, limón, 250 cc. de leche descremada, 1 cucharada de maicena.

Preparación: En una sartén cocinar las rodajas de solomillo, con unas gotitas de limón. En otra sartén poner los ajos, las hojas de salvia, los hongos escurridos y picados, disolver la maicena en la leche y agregar a los hongos, dejar que espese, servir con el solomillo. Acompañar con puré de vegetales.

TIRITAS AL CURRY

Ingredientes: ½ kg. de carne magra de cerdo, 1 jugo de limón, 1 cucharada de curry, aceite cantidad necesaria, 1 diente de ajo en láminas, 1 taza de caldo.

Preparación: Cortar la carne en tiras finitas, no muy largas (primero cortar en bifes finitos, luego en tiras), dejar macerar con el jugo de limón en heladera unas horas. Luego disolver el curry en un poco de caldo. En una cacerola poner muy poco aceite, unas gotas, los ajos y la carne; cuando esté clarita (no sellar) agregar el curry, dejar cocinar unos 15 minutos y servir acompañado con espinacas salteadas o verduras al vapor.

- **PESCADO**

ALMEJAS EN JUGO

Ingredientes: ½ kg de almejas limpias, 2 cebollas, 2 dientes de ajo, 2 tomates, 1 tallo de apio, ½ vaso de vino blanco, 1 hoja de laurel, orégano, pimienta, 1 zanahoria rallada, 1 taza de chauchas hervidas, limón, 2 rodajas de pan negro, 1 cucharadita de aceite de oliva.

Preparación: En una cacerola poner las cebollas, los ajos y el apio, cortados en cubos chicos, luego agregar los tomates, también cortados en cubos chicos, laurel, orégano, rallar la zanahoria y agregar, junto con el vino, las chauchas hervidas y cortadas, agregar las almejas, condimentar con pimienta recién molida. Servir caliente.

ATÚN A LA CEBOLLA

Ingredientes: 4 lomos de atún, 4 cebollas., 2 dientes de ajo, laurel, 1 cucharadita de aceite de oliva, orégano, pimienta, 1 limón.

Preparación: Lubricar con el aceite ligeramente la sartén con antiadherente, cortar la cebolla en juliana, picar los ajos y saltear hasta que tome algo de color, incorporar el orégano, laurel y la pimienta, agregar el atún y cocinar de ambos lados, al dar vuelta agregar el jugo del limón. Servir acompañado con unos vegetales al vapor.

ATÚN CON ALCAPARRAS

Ingredientes: 1 kg. de atún, 2 cucharadas de alcaparras, 2 puerros, hojitas de salvia, 2 limones, pimienta, aceite saborizado.

Preparación: Lavar el pescado, agregarle jugo de 1 limón y pimienta, dejar macerar. Picar la parte blanca del puerro, previo lavado. Disponer en una fuente para horno los puerros como base, agregar pimienta, encima el atún, rodajas de limón y unas 2 cucharadas de aceite. Llevar a horno durante unos 15 minutos, retirar, agregar las alcaparras y llevar a horno 5 minutos más. Se puede tapar con papel aluminio para evitar que se seque. Servir acompañado con ensalada o puré de calabazas.

BOCADITOS DE PESCADO

Ingredientes: 600 gr. de merluza, ½ taza de pan negro rallado, un chorro de leche, una clara de huevo, una cucharada de perejil picado, 2 dientes de ajo, ½ kg. de tomates, pimienta, orégano, caldo cantidad necesaria.

Preparación: En un bol remojar el pan rallado con la leche. En la procesadora poner el pescado, el perejil y el ajo picado, la clara de huevo, pimienta. Una vez formada una pasta, poner en una fuente de horno una capa de tomates en rodajas, unas cucharadas de caldo y orégano, encima con ayuda de una cuchara forma los bocaditos del tamaño deseado, encima de cada uno poner una rodaja de tomate y unas gotas de aceite de oliva, cocinar en horno sin que se sequen. Acompañar con ensaladas.

BROCHETTES DE LENGUADO

Ingredientes: 800 gr. de filet de lenguado, ajo, jugo de limón, hierba, 4 cebollas, 2 pimientos, 3 zanahorias hervidas, tomates cherry, palitos de brochetes.

Preparación: Cortar los filet en cubos, poner a macerar con limón, hierbas y ajo picado. Mientras cortar las verduras en cuadraditos, o rectángulos, poner en un bol junto con ajos picados, jugo de limón, condimentar y armar las brochetas intercalando pescado y verduras, cocinar en horno o parrilla, pincelando con el jugo de maceración. Servir con mezclum.

CAZUELA DE PESCADO

Ingredientes: 4 filet de merluza, 1 cebolla, 1 puerro, perejil, 1 zanahoria, jugo de limón, 1 morrón rojo, 1 cucharada de aceite de oliva, tomillo, laurel, 2 dientes de ajo, caldo.

Preparación: La merluza dejarla macerar con el limón y el perejil picado, cortar las verduras en juliana. En una cazuela (u olla similar) poner el aceite y todas las verduras cortadas en juliana, reservar el puerro, dejar rehogar, agregar los condimentos y un poco de caldo, cocinar a fuego suave hasta que las zanahorias estén cocidas, agregar la merluza con el jugo de maceración, dejar cocinar unos 10 minutos. Servir acompañado de vegetales al vapor.

FILET A LA MILANESA

Ingredientes: 4 filet de merluza o pejerrey, 1 huevo, pimentón, 2 dientes de ajo, perejil, pan rallado mezclado con salvado, 1 limón, pimienta.

Preparación: Lavar bien los filet y macerar con limón y ajo 1 hora, luego picar perejil con un diente de ajo, agregar al huevo batido, junto con el pimentón y la pimienta, mezclar el pan rallado con el salvado y pasar los filet por huevo y luego por la mezcla de pan y salvado. Cocinar en horno con un poco de aceite en la base y dos gotas por encima, dar vuelta. Servir con ensaladas o a la Napolitana.

MERLUZA A LA PIZZA

Ingredientes: 4 filet de merluzas de buen tamaño, 2 dientes de ajo, 3 tomates, orégano, queso por salud, 2 cebollas, aceite, aceitunas negras.

Preparación: Lubricar una fuente para horno, acomodar los filet, picar las cebollas, los ajos y rehogarlos. Poner encima los tomates en rodajas, espolvorear con un poco de orégano, cubrir con el queso, llevar a horno. Antes de servir poner las aceitunas fileteadas y el resto de orégano.

MERLUZA GRATINADA

Ingredientes: 4 filet de merluza, 1 taza de salsa blanca, 1 taza de ricota, 2 fetas de pan integral tostados, 1 cucharada de aceite, 1 diente de ajo, nuez moscada, curry.

Preparación: Condimentar los filet con ajo y curry, poner en una asadera un chorrito de aceite y acomodar los filet, mezclar la salsa blanca con la ricota, condimentar muy bien con nuez moscada, bañar los filet, cocinar en horno unos 20 minutos. Servir con puré de espinacas y las tostadas cortadas a la mitad.

POLLO DE MAR

Ingredientes: 1 pollo de mar, ajo, perejil, ají molido, 1 limón, hojas de repollo blanqueadas, 2 cucharadas de vinagre, 2 cucharadas de pickles.

Preparación: Macerar el pescado con el jugo del limón, el ají y los ajos, mientras pasar el repollo por agua caliente, cortarlo muy finito, cortar los pickles y mezclar con el repollo, poner esta mezcla dentro del pollo de mar, a modo de relleno, poner en una fuente de horno con el jugo de maceración y cocinar unos 35 minutos en horno medio, agregar caldo si es necesario o tapar con aluminio que no se seque. Servir con vegetales.

QUENELLES DE SALMÓN

Ingredientes: ½ filet de salmón, 1 huevo, 2 cucharadas de queso rallado, perejil picado, pimienta. 1 cucharada de queso crema.

Preparación: Procesar el salmón con el huevo, agregar los quesos, mezclar bien, formar las quenelles, (como albóndigas) poner en una fuente para horno y cocinarlas unos 10 minutos. Servir con ensaladas o solas como entrada.

SINFONÍA DE SALMÓN

Ingredientes: ½ atado de berro, 2 cucharadas de queso untable bajo en grasas, 12 unidades de cebollitas en vinagre, 1 diente de ajo, jugo de limón, rabanitos 8 unidades., 4 rebanadas de pan integral, sin corteza y tostado, salmón ahumado 200 gr., aceite de oliva 2 cucharadas de nueces molidas.

Preparación: Lavar muy bien los berros, las hojas, poner en un bol junto con los rabanitos, las cebollitas cortadas en cuartos, agregar el jugo de limón, el ajo picado y el aceite, mezclar. Untar la tostada con el queso, encima poner la ½ de una feta de salmón. Servir una tostada de salmón por comensal con ensalada, espolvorear con nueces.

GUARNICIONES

BROCHETES COLORIDOS

Ingredientes: 4 palitos para brochetes, 8 tomates cherry, 4 cebollitas chicas, 4 champiñones, 4 aceitunas negras sin carozo, 4 papines con cáscaras hervidos, aceite de oliva, pimienta.

Preparación: Humedecer los palitos de brochetes. Cortar las cebollitas a la mitad, insertar en los palitos intercalando los ingredientes, rociar con aceite de oliva y pimienta. Llevar a horno unos minutos si se lo desea caliente. Se puede servir solo como entrada o para acompañar carnes.

BRÓCOLI GRATINADO

Ingredientes: 1 brócoli, 2 cucharadas de queso rallado, aceite de oliva, pimienta, sal de ajo, (o el sabor que le guste).

Preparación: Lavar el brócoli, hervirlo cortado en abundante agua, unos 10 minutos, una vez cocidos retirar y dejar en un colador para escurrir el agua. Poner en una fuente para horno, los brócolis separados por flor, rociar con la sal elegida, un chorrito de aceite de oliva y espolvorear con el queso rallado, llevar a horno a gratinar. Ideal para acompañar carnes.

BRÓCOLI NATALIO`S

Ingredientes: 1 brócoli mediano, 2 tomates, pimienta, 2 ajos, aceite de oliva, 1 huevo.

Preparación: Lavar el brócoli, retirar las partes duras, usar las hojas y tallos tiernos junto con la flor, poner a hervir. Luego se escurre el agua y se lo pica, se pican los ajos y se rehoga todo, poner el tomate picado, mezclar bien, agregar pimienta, batir el huevo agregar a la preparación mezclar bien. Servir caliente acompañando carnes, pescados, pastas.

CHAUCHAS AL SÉSAMO

Ingredientes: ½ kg de chauchas, 2 cucharadas de sésamo, 1 limón, aceite de oliva, 2 huevos duros de codorniz.

Preparación: Limpiar bien las chauchas, cortarlas a la mitad, cocinarlas en agua o caldo, luego escurrir el agua, condimentar con aceite de oliva, las semillas de sésamo tostadas y limón, mezclar. Poner en una ensaladera, adornar con los huevos.

ESPINACAS A LA ITALIANA

Ingredientes: 1 atado de espinacas, 2 dientes de ajo, pimienta, 1 cucharadita aceite de oliva.

Preparación: Lavar las espinacas hoja por hoja, retirar las partes duras, pasar por agua caliente el resto, escurrirlas bien, picar los ajos, ponerlos en una sartén con el aceite, agregar las espinacas, saltearlas junto a los ajos, agregar pimienta. Acompaña carnes, pescados, pastas.

FLAN DE BRÓCOLI

Ingredientes: ½ brócoli hervido, 2 huevos, pimienta, ajo, nuez moscada, 3 cebollitas verdes.

Preparación: Rehogar las cebollitas verdes picadas (parte blanca y verde) y el ajo, con rocío vegetal, picar el brócoli, mezclar con los huevos batidos, agregar las cebollitas y condimentar, poner a baño María en horno en molde individuales. Servir con carnes.

MACHACAO DE PAPAS

Ingredientes: ½ kg. de papas andinas chiquitas, aceite de oliva, jugo de limón, cebollita verde, semillas de sésamo tostadas, pimienta de cayena, romero.

Preparación: Lavar las papitas, poner a hervir con cáscaras, retirar y aplastarlas solo hasta romperlas, no desarmarlas, condimentar con el limón, el aceite de oliva, las semillas de sésamo, hojas de romero, el ají o pimienta, por encima las cebollitas verde picada. Servir caliente con carnes.

PURÉ DE BERENJENAS

Ingredientes: 3 berenjenas grandes, 1 diente de ajo, aceite de oliva, pimienta, jugo de limón.

Preparación: Hacer una cruz en la parte de atrás de cada una de las berenjenas, llevarlas a horno unos 30 minutos. Luego partirlas a la mitad y retirar toda la pulpa, picar el ajo y procesarlo con la berenjena, el aceite, unas gotas de limón y pimienta. Servir con carnes frío o caliente.

PURÉ DE CALABAZAS

Ingredientes: 1 kg de calabaza, nuez moscada, pimienta, 2 tazas de leche descremada, 1 cucharada de salvado de avena, 1 nuez de manteca o 1 cucharada de aceite de oliva.

Preparación: Pelar y cortar en cubos la calabaza, poner a hervir con la leche, una vez cocido retirar, pisar la calabaza condimentar con nuez moscada y pimienta, agregar la cucharada de avena y el aceite o manteca, mezclar. Si está muy espeso agregar de apoco líquido de cocción, debe quedar cremoso.

PURÉ RÚSTICO DE GARBANZOS

Ingredientes: 2 latas de garbanzos, 1 diente de ajo, jugo de limón, perejil picado, pimienta, aceite de oliva.

Preparación: Picar el ajo, el perejil y mezclar con los garbanzos, condimentar con la pimienta el aceite y el limón, con un tenedor pisar desarmando los garbanzos hasta obtener la textura deseada. Servir con carnes frías o calientes.

VERDURAS AL VAPOR

Ingredientes: ½ coliflor chico, ½ brócoli, 4 repollitos de Bruselas, 4 papines andinos, 1 limón, 1 hoja chica de laurel, pimienta recién molida.

Preparación: Lavar bien las verduras, poner en una vaporera agua con laurel a hervir; rociar las verduras con limón y poner a cocinar hasta que estén tiernas, que no se desarmen.

ZUCCHINIS SALTEADOS

Ingredientes: 2 zucchinis, 2 zanahorias, aceite de oliva, pimienta, optativo 1 cucharada de crema de leche, perejil picado.

Preparación: Lavar las verduras, pelar las zanahorias, con el pelapapas cortar fetas de zucchini, sólo las partes verdes y de zanahorias, saltear las zanahorias luego agregar los zapallitos, agregar un chorrito de aceite, pimienta y la crema de leche, espolvorear con perejil. Ideal para carnes y pastas.

VEGETALES

ALCAUCILES RELLENOS

Ingredientes: 4 alcauciles grandes, jugo de un limón, 3 dietes de ajo, perejil picado, 150 gr. de queso magro, 1 cucharadita de mostaza, 1 huevo, 1 taza de salvado de avena, hiervas a gusto, caldo y pimienta. Aceite de oliva.

Preparación: Mezclar el queso con la mostaza, el salvado de avena, el perejil y 2 dientes de ajo bien picados, pimienta, el huevo. Rellenar los alcauciles en su parte central, acomodarlos en una cacerola, agregar el ajo picado, las hierbas y el caldo. Dejar cocinar hasta que las hojas al tirar con suavidad se desprendan. Servir espolvoreado con perejil y un chorrito de aceite de oliva. No descartar el caldo de cocción, utilizarlo para sopas, salsas, etc.

BERENGENAS NAPOLITANAS

Ingredientes: 3 berenjenas, aceite de oliva, 3 tomates, 2 dientes de ajo picado, albahaca, queso por salud.

Preparación: Cortar las berenjenas a lo largo en tajadas, dejar en agua con sal unos minutos, rociar con aceite de oliva llevarlas a horno mediano 15 minutos. Retirar del horno y colocar sobre las berenjenas rodajas de tomate y condimentar con ajo picado, albahaca y fetas de queso. Llevar nuevamente al horno hasta que el queso se derrita. Acompañar con ensalada.

Opción: de la misma manera pero en capas, una sobre otra, con queso en cada capa, armando como una lasaña.

BOCADITOS DE SOJA

Ingredientes: 2 tazas de porotos de soja hervidos, 2 dientes de ajo picados, ¿??? de perejil picado, 1 huevo, 1 cebolla, 2 cucharadas de salvado de avena, nuez moscada, pimienta.

Preparación: Picar y rehogar la cebolla y el ajo, pisar los porotos hasta romperlos, agregar la cebolla, el ajo rehogado, el huevo, el salvado de avena, el perejil, condimentar con la pimienta y la nuez moscada y agregar la soja, mezclar bien. Poner una sartén lubricada con aceite y poner una cucharada dando forma de croqueta, dejar dorar y dar vuelta. Cocinar varias por vez, o cocinar en horno moderado hasta dorar con un chorrito de aceite.

BUDÍN DE ESPINACA Y ZANAHORIA

Ingredientes: ½ kg. de zanahorias, 1 o 2 atados de espinacas, 4 huevos, 1 pote de queso crema bajo en grasas, 2 cucharada de salvado de avena, pimienta, ½ kg. de tomates.

Preparación: Lavar y pelar las zanahorias, cocinarlas hasta que estén bien tiernas, lavar las espinacas y cocinar con la última agua del lavado, hasta que estén cocidas. Procesar las zanahorias, las espinacas, mezclar con el queso, la pimienta, los huevos, el salvado, cortar los tomates en rodajas. Rociar con aceite vegetal una budinera, forrar la budinera con los tomates y poner la preparación. Llevar a horno unos 15 minutos. Servir caliente o frío, acompaña carnes, pescados etc.

COLIFLOR A LA CREMA

Ingredientes: 1 coliflor hervida, 100 gr. de queso por salud, nuez moscada, pimienta, 1 taza de salsa blanca, laurel.

Preparación: Hervir la coliflor con unas hojitas de laurel, una vez cocida picar groseramente, condimentar con nuez moscada y pimienta. Poner en una fuente para horno, agregar la salsa por encima y el queso, llevar a gratinar. Ideal para acompañar carnes, pastas o solo.

COREANITO NAPOLITANO

Ingredientes: 1 kg. de coreanito (sin la parte hueca), 3 tomates, orégano, queso cuartirolo bajo en grasas, pimienta.

Preparación: Hacer el coreanito con cáscara, cuando esta cocido cortar 8 fetas, agregar pimienta, cortar en rodaja los tomates, poner encima de cada feta de coreanito y encima una rodaja de queso, espolvorear con orégano, llevar a horno hasta que derrita el queso.

FLAN DE ESPINACAS

Ingredientes: 1 atado de espinacas, 2 claras de huevo, 2 cucharadas de queso rallado, 2 diente de ajo, 1 taza de zanahorias cocidas y ralladas, páprika, aceite, nuez moscada.

Preparación: Lavar las espinacas y saltearlas con los ajos picados, licuar con las claras, agregar las zanahorias ralladas, el queso, condimentar con nuez moscada, páprika. Poner la preparación en moldes individuales, cocinar en horno a baño María unos 20 minutos. Servir acompañado con una salsa suave de tomates.

LASAÑA DE VERDURAS

Ingredientes: 1 atado de acelga o espinacas (blanqueadas), ricota light, provenzal, 2 tazas de choclos hervidos y desgranados, 2 tazas de salsa de tomates, pimienta, nuez moscada, salsa blanca, 100gr. de queso cuartirolo, aceite de oliva.

Preparación: Blanquear las hojas de espinacas o acelga, usarlas en reemplazo de la masa, condimentar la ricota con provenzal y nuez moscada, mezclar el choclo con la salsa blanca. Lubricar una fuente para horno con unas gotas de aceite, acomodar unas hojas de espinacas, poner por encima un poco de ricota y salsa de tomate, poner otra capa de hojas, encima la salsa blanca y choclo con fetas finas de cuartirolo, seguir hasta terminar con espinacas un poco de salsa de tomates y queso. Llevar a horno a que se gratine el queso y tome temperatura.

MATAMBRITOS DE QUINUA Y VEGETALES

Ingredientes: ½ kg. de quinua hervida, 2 cebollas, 20 gr. de hongos secos, 2 dientes de ajo, 1 pimiento amarillo, hojas de espinacas, aceitunas, nueces, 100 gr. de queso de cabra o criollo, 3 huevos, 1 zanahoria hervida, pimentón, pimienta, perejil, orégano, papel film, aceite cantidad necesaria.

Preparación: Hacer hervir la quinua bien lavada durante unos 15 minutos. Picar la cebolla y saltearla junto con los ajos, agregar la quinua hervida, agregar los huevos y condimentar con bastante pimentón. Estirar láminas de papel film que sirva de base, encima poner un capa fina de la preparación de quinua, para hacer rollos individuales, encima poner aceitunas, unas tiras de zanahoria, otras de pimiento cortado en juliana, los hongos previamente remojados, queso de cabra, una hojita de espinaca, espolvoreamos con perejil y orégano y enrollar con ayuda del film, apretar bien, atar cada punta y llevar a hervor, unos 15 minutos. Dejar enfriar un poco antes de sacar el film. Se sirve tanto frió como caliente, bañado con alguna salsa o emulsión.

ROLLITOS VEGETARIANOS

Ingredientes: 8 discos para empanadas, 1 cebolla, 6 bulbos de cebollas de verdeo, 1 zanahoria, 80 gr. de champiñones, pimienta, 50 gr. de queso, 50 gr. de aceitunas, orégano, 2 zapallitos tronqueros, laurel, pimienta, comino, pimentón.

Preparación: Cortar la zanahorias en cubos chiquitos, ponerla en agua caliente con unas hojas de laurel 5 minutos, reservarlas, picar los 2 tipos de cebollas y el zapallito, filetear los champiñones. Poner en una sartén las verduras picadas, con unas gotas de aceite, para evitar que se peguen, luego agregar los champiñones, la zanahorias escurridas, condimentar con pimienta, ají, comino y pimentón, mezclar bien y dejar enfriar. Estirar la masa bien finita cortar las puntas dándoles una forma rectangular, poner el relleno en un extremo, encima unas aceitunas fileteadas y un trozo de queso. Dar una vuelta cubriendo el relleno, doblar los bordes y seguir enrollando, acomodar en una fuente para horno, cocinar hasta que estén doradas.

SARITOS DE ESPINACAS

Ingredientes: Masa: 2 tazas de harina, 1 cucharada de salvado, 1 huevo, 3 cucharadas de aceite, agua tibia o caldo. *Relleno:* 1 atado de espinacas, 1 diente de ajo, pimienta, 1 cucharada de semillas de sésamo, 1 sobre de queso rallado bajo en grasas.

Preparación: Mezclar la harina con el salvado, formar una corona y en el centro poner el huevo, el aceite, agregar líquido tibio, ir uniendo hasta formar una masa suave, untar con aceite la superficie y dejar reposar. Mientras picar las espinacas, el ajo poner en una sartén que amortigüe, condimentar con pimienta, retirarle todo el líquido y agregar el queso rallado. Estirar la masa bien finita, transparente en forma rectangular, se puede ayudar con un repasador o papel film, encima agregar las espinacas, cerrar formando un cilindro largo. A este cilindro dividirlo en varios bollitos cerrando bien los bordes que no escape el relleno. Poner en una placa para horno, pintar por encima, espolvorear con las semillas de sésamo y llevar a horno hasta que doren. El relleno puede variar según el gusto, por ejemplo: quinua, queso y aceitunas. Servir fríos o calientes, solos o con ensaladas.

VEGETALES ORIENTALES

Ingredientes: 1 zanahoria. 1 pimiento rojo, una ramita de apio, 150 gr. de chauchas, hojas de repollo, 100 gr. de castañas, 1 cucharada de salsa de soja, 2 zapallitos o zucchinis, jengibre, 8 papitas andinas hervidas, 2 cebollas. Carne a elección vaca, conejo, pollo, pescado, llama unos 350 gr. Aceite cantidad necesaria.

Preparación: Cortar las verduras y las carnes en juliana. Poner en un *wok* un poquito de aceite sólo para lubricar, agregar las verduras de acuerdo al tiempo de cocción, agregar la carne, que se selle a fuego fuerte, luego las castañas picadas gruesas, la salsa de soja, el jengibre y los papines ya cocidos y cortados por la mitad, si es necesario agregar un poco de maicena. Servir solo o con quinua hervida con azafrán, arroz o fideos.

ZAPALLITOS CON RELLENO

Ingredientes: 5 zapallitos, 1 cebolla, 1 diente de ajo, 1 huevo, 4 fetas de queso por salud, pimienta, nuez moscada, maicena cantidad necesaria.

Preparación: Cortar los zapallitos a la mitad, y cocinar, cuidar que no se rompan, luego retirarlos dejarlos enfriar, que se escurran, picar la cebolla, el ajo y rehogar en una sartén de teflón, sacar las semillas de los zapallitos picarlas, junto con la mitad de uno, agregar a la cebolla, mezclar y condimentar bien con nuez moscada, pimienta, rellenar cada mitad con el preparado, poner encima el queso y gratinar en horno. Servir caliente.

ZAPALLITOS RELLENOS DE CARNE

Ingredientes: 8 zapallitos (tronqueros), 1 cebolla, 100 gr. de arroz, ajos, perejil, ½ kg, de tomate, 1 pimiento, laurel, ¼ kg. de carne molida, comino.

Preparación: Cocinar el arroz, con ajo y laurel, sacar una tapa a los zapallitos, bien limpios, ahuecarlos retirando las semillas, picarlas junto con la cebolla, 1 diente de ajo y rehogar con aceite en aerosol, sólo para evitar que se pegue la preparación. Agregar la carne molida y el perejil picado, condimentar con pimienta, un poco de comino y el arroz cocido, rellenar con esta preparación los zapallitos. Poner en una cacerola, los tomates picados, el laurel, 2 dientes de ajo, acomodar los zapallitos y cocinar unos 20 minutos.

ZUQUINIS RELLENOS

Ingredientes: 4 zuquinis, 2 dientes de ajo, 2 cebollas, perejil, 2 cucharadas de queso tipo Saavedra, aceite, 3 tomates maduros, caldo cantidad necesaria, orégano, romero.

Preparación: Ahuecar los zucchinis, picar las semillas, las cebollas, 1 diente de ajo, y cocinar un poco, agregar aceite, perejil bien picado y mezclar con el queso. Con esta preparación rellenar los zucchinis, acomodarlos en un cacerola agregar los tomates rallados junto con el ajo, el orégano y un poco de romero. Antes de servir agregar un chorro de aceite.

ARROZ

ARROZ AL MAR

Ingredientes: 250 gr. de arroz, 1 lata de azafrán, 1 pimiento rojo asado, ½ pimiento verde, 1 tomate, 1 cebolla, 1 taza de arvejas cocidas, 4 presas de pollo, 4 bastones de Kanikama, 2 dientes de ajo, 2 filet de merluza. Aceite, limón, perejil, laurel, caldo.

Preparación: Picar los ajos, la cebolla, el pimiento verde, poner en una olla no muy profunda. Poner las presas, tapar dejar cocinar unos minutos. Mientras picar el tomate y cortar los pimientos asados en tiras, lavar bien el arroz, cortar el pescado en tiras gruesas. Agregar los tomates, el arroz, las arveja, el Kanikama cortado, el azafrán y el laurel, agregar caldo caliente y bien sabroso, dejar cocinar unos 8 minutos y agregar el pescado, cocinar con la olla tapada unos 8 minutos más, Servir con rodajas de limón y perejil picado.

ARROZ CON CHOCLO

Ingredientes: 200 gr. de arroz, 2 hojas de laurel, 2 dientes de ajo, 1 pimiento verde, 2 choclos hervidos y desgranados, pimienta, orégano, puntas de espárragos, caldo cantidad necesaria, 1 cucharada de aceite de oliva.

Preparación: Poner a hervir los espárragos unos 5 minutos, con una hoja de laurel y un diente de ajo, una vez pasado los 5 minutos, retirar y guardar el líquido de cocción, en un olla poner el pimiento cortado en cubos, el ajo picado, el arroz, una cucharada de aceite de oliva, que se selle el arroz, agregar pimienta, el laurel el orégano, los choclos desgranados, las puntas de los espárragos el líquido de cocción, y dejar cocinar aproximadamente unos 13 minutos, agregar la cucharadita de aceite encima, tapar y apagar, dejar en reposo unos 3 minutos y servir, espolvoreado con un poco de queso rallado bajo en grasas.

ARROZ CON POLLO

Ingredientes: 1 cebolla, 1 pimiento, 2 dientes de ajo, 1 pechuga de pollo, 2 tomates, 1 taza de arvejas congeladas, ¼ de arroz integral, 1 hoja de laurel, azafrán, ½ cucharada de aceite, pimienta, orégano, caldo, limón.

Preparación: Cortar la cebolla, los tomates y el pimiento en cubos pequeños, picar los ajos, cortar el pollo en tiras, poner en una cacerola el aceite, sin que tome mucha temperatura poner los ajos picados, el pimiento, la cebolla y el pollo, luego agregar el tomate a fuego suave, condimentar con pimienta, el orégano, laurel, azafrán, agregar caldo y dejar unos 10 minutos que se cocine, luego agregar el arroz, dejar cocinar servir con rodajas de limón.

ARROZ CON VEGETALES

Ingredientes: 3 tazas de arroz bien lavado, 1 litro de caldo de vegetales, 2 cebollas, 1 pimiento rojo, 4 hojas de repollo, 1 taza de arvejas cocida, 1 hoja de laurel, perejil picado, azafrán, pimienta, 1 puerro, cebollita verde.

Preparación: Luego de lavar el arroz, cocinarlo en caldo bien sabroso por unos 10 minutos, colarlo. Poner en una cacerola la cebolla, el pimiento, el repollo cortado en juliana, tiras largas, el puerro y las cebollitas de verdeo picados, poner una gota de aceite, dejar rehogar, agregar las arvejas, el laurel, el azafrán, dejar cocinar unos minutos 10 minutos, luego agregar el arroz y el perejil picado, mezclar bien, apagar y dejar reposar antes de servir.

CARBONADA GALPONEÑA

Ingredientes: 250 gr. de arroz, 1 cucharada de aceite, 1 cebolla, 1 pimiento rojo, perejil, orégano, 2 dientes de ajo, 2 tomates, 300 gr. de zapallo bien amarillo, comino, 1 limón, caldo de verduras, 300 gr. de bola de lomo cortada finita. 6 hojas de acelga con cabos, o chauchas hervidas.

Preparación: Lavar bien el arroz hasta sacarle el almidón, cortar la carne en cubos chicos, cortar el pimiento, la cebolla, los ajos y el tomate, todo bien chiquito, poner en una cacerola las verduras y la carne, dejar que suden las verduras y la carne, tapar. Mientras cortar el zapallo y los cabos de acelga en cubos, picar el perejil. Agregar a la preparación el arroz, el cado de verduras caliente, el orégano, la ½ del zapallo, la otra mitad ponerlo luego de 5 minutos de cocción, agregar la acelga y un buen chorro de limón, tapar y cocinar unos 10 minutos, poner el comino, mezclar y tapar. Servir espolvoreado con perejil y rodajas de limón.

CAZUELA DE ARROZ

Ingredientes: 2 tazas de arroz, 1 pimiento rojo, 8 camarones o langostinos, 1 hoja de laurel, ½ atado de espinacas, 1 cebolla, 3 dientes de ajo, ½ kg. de arvejas congeladas, azafrán, pimienta, limón, caldo.

Preparación: Cortar el pimiento en tiras, picar la cebolla, el ajo poner todo en una cacerola, con una gota de aceite, para evitar que se pegue, agregar el arroz, el azafrán, la pimienta, el laurel, la espinaca cortada y las arvejas, agregar caldo, tapar y dejar cocinar unos minutos y poner los langostinos, rociar con jugo de limón, dejar cocinar hasta que esté al dente, servir con rodajas de limón.

BUÑUELOS SALADOS

Ingredientes: 1 taza de arroz hervido, 1 huevo, provenzal, 1 zanahoria hervida, nuez moscada, jengibre.

Preparación: Picar la zanahoria en cubos pequeños, mezclar con el arroz, agregar el huevo, condimentar con nuez moscada y jengibre, mezclar bien, si queda muy húmedo agregar una cucharada de harina integral que absorba el líquido. En una asadera poner unas gotas de aceite, con una cuchara poner un poco de la preparación formando los buñuelos, cocinar en horno dando vuelta, acompañar con ensalada.

LENTEJAS CON ARROZ

Ingredientes: 150 gr de arroz, 150gr. de lentejas ya cocidas, 2 cebolla, 2 hojas de laurel, 1 diente de ajo, 1 pimiento, comino en polvo, pimienta, aceite de oliva, caldo, cantidad necesaria.

Preparación: Cortar las cebollas y el pimiento en tiras gruesas, poner en una cacerola, las verduras con las lentejas el arroz, el aceite de oliva y los condimentos, agregar caldo y cocinar hasta que el arroz esté cocido, Se puede servir en cada plato con unas gotas de salsa inglesa o de vinagre de manzana a gusto.

RISOTTO CON HONGOS

Ingredientes: 200 gr. de arroz, 2 taza de hongos, 2 cebollas, 1 pimiento rojo, 1 verde, caldo de verduras caliente, 1 cucharada de aceite de oliva, queso rallado o fresco, bajo en grasas, perejil, ajo, pimienta.

Preparación: Pone los hongos en remojo, picar todas verduras, en una cacerola rehogar las verduras solas, sin aceite, que tomen un poco de color, agregar el arroz y los hongos picados, un poco de caldo, mezclar, que absorba, agregar otro poco de caldo, mezclar, así hasta que el arroz esté cocido. La característica del risotto es de apoco poner líquido y mezclar, cuando esté listo antes de servir colocar queso rallado, perejil picado, mezclar y servir.

VEGETALES CON ARROZ

Ingredientes: 200 gr. de arroz integral, 1 cebolla, 1 zanahoria, 150 gramos de brotes de soja,1 litro de caldo, 1 cucharada de aceite, 1 cucharadita de salsa de soja, 1 berenjena, 2 dientes de ajo, 1 ramita de romero, pimienta.

Preparación: Cortar las zanahorias, las berenjenas en cubos, picar la cebolla y los ajos, poner en una cacerola un poco de aceite y agregar las verduras cortadas, el arroz y dejar rehogar, luego agregar el caldo caliente, los condimentos, los brotes, dejar cocinar a fuego suave, hasta que el arroz esté cocido. Al servir rociar con un poco de salsa de soja en cada plato y pimienta recién molida.

PASTAS

Las porciones de pastas son para 5 o 6 personas.

BAÑADOS DE HABAS

Ingredientes: ½ kg, de pastas integral, ½ kg de habas ya peladas, 1 cebolla roja, 1 diente de ajo. 1 pimiento rojo, 1 puerro, hierbas a gusto, aceite de oliva.

Preparación: Hacer hervir la pasta en abundante agua con hierbas a gusto, picar la cebolla, el diente de ajo, el pimiento y el puerro, poner en una cacerola todo con un poco de aceite de oliva a fuego suave, tapar y dejar cocinar unos 15 minutos y agregar las habas hervidas, dejar cocinar unos minutos. Colar los fideos y mezclar con esta preparación. Servir con perejil picado y pimienta recién molida.

FIESTA SICILIANA

Ingredientes: ½ kg. de pasta a elección, 2 dientes de ajo, 2 cucharadas de aceite de oliva, 1 berenjena grande, 1 tomate mediano, 1 pimiento verde, 1 taza de arvejas cocidas, orégano, páprika, unas alcaparras, a gusto, 4 fetas de queso fresco bajo en grasa, aceite,

Preparación: Hervir los fideos en agua saborizada, rehogar los ajos picados, agregar el pimiento picado, la berenjena y el tomate cortados en cubos, las arvejas, condimentar con el orégano y la páprika, dejar cocinar a fuego suave. Colar los fideos al dente y mezclar con esta salsa, Servir con trozos de queso en cada plato y espolvorear con alcaparras.

MOSTACHOLES RELLENOS

Ingredientes: ½ paquete de mostacholes bien grandes, aceite de oliva, 2 fetas de jamón cocido, 2 fetas de queso bajo en grasas, queso cuartirolo cantidad necesaria, 2 cucharadas de ricota, perejil, ½ hoja de laurel, nuez moscada, 2 cucharadas de nueces picadas, 1 huevo, manga.

Preparación: Poner a hervir los fideos en agua hirviendo con el laurel, cuando están al dente colar y poner en baño María invertido. Mientras los fideos hierven, cortar o procesar, el perejil, el jamón, el queso, agregar la ricota y el huevo, todo bien mezclado formando una pasta. Poner la pasta en la manga y rellenar cada fideo, ya cocidos, acomodar en una fuente para horno, por encima poner el queso cuartirolo, gratinar. Servir solos o acompañados con salsa a gusto, ejemplo: Crema de brócolis.

PASTA CON VEGETALES AL WOK

Ingredientes: 1 pimiento rojo, 1 verde, 1 zanahoria, 1 cebolla, 1 taza de brotes de soja o girasol, 100 grs. de chauchas, 3 flores de coliflor, cebollita verde, ½ paquete de fideos tipo espagueti o a gusto cocidos, 1 cucharada de maicena, ½ taza de caldo y ½ de salsa de soja, 1 cucharadita de aceite de oliva, 1 diente de ajo, pimienta, (hierbas).

Preparación: Hacer hervir los fideos en agua bien saborizada con cáscaras de limón, laurel, romero, ajos, etc., a gusto, que se cocinen al dente, colarlos y ponerlos en agua fría para cortar la cocción. Cortar los pimientos, y las cebollas en juliana, cortar en cubos las chauchas y el coliflor y la zanahoria en juliana, previo hervor, picar las cebollitas verdes, lavar los brotes. En un wok o una sartén profunda poner unas gotas de aceite de oliva, y saltear a fuego fuerte las verduras que tomen un poco de color, agregar los condimentos la maicena disuelta en el caldo frio, la salsa de soja, mezclar bien todo, cuando comience a espesar agregar la pasta, mezclar bien. Servir espolvoreado con perejil picado.

SPAGUETIS CARMEL

Ingredientes: ½ kg. de spaguetis (mejor si son integrales), 1 cebolla, 1 lata de caballa al natural, 2 huevos duros, 1 cucharada de aceite de oliva, 200 gr de aceitunas negras, cebollita de verdeo, pimienta.

Preparación: Poner a hervir la pasta en abundante agua caliente saborizada con hierbas, picar las cebollas, reservar la parte verde, ponerlas en una cacerola con unas gotas de aceite, agregar la caballa desmenuzada, condimentar con la pimienta, mezclar y agregar las aceitunas cortadas desprolijamente. Colar los fideos al dente, mezclar con la preparación de la caballa agregar otro poco de aceite de oliva y servir espolvoreando por encima con la cebollita verde.

TALLARINES CON PAVO

Ingredientes: Pavo cocido ½ kg., hongos remojados en vino tinto, 1 cucharada de páprika, 1 cebolla, 1 cucharada de aceite de oliva, 2 tazas de brócoli (o cualquier verdura a gusto), 2 dientes de ajo, ½ pote de yogurt natural, 250 gr, de fideos tallarines cocidos en caldo bien sabroso, queso y perejil.

Preparación: Remojar los hongos en vino tinto una ½ hora, blanquear los brócolis, cortar la cebolla bien chiquita, en cubos, los ajos, agregar el brócoli picado, el pavo desmenuzado, la páprika a gusto, mezclar bien, agregar el yogurt y las pastas, mezclar bien. Servir, espolvorear con queso y perejil.

TIRABUZONES COLORIDOS

Ingredientes: ½ kg de pasta tirabuzones, 3 cucharadas de perejil, 3 de ciboulette, hojas de albahaca a gusto, 2 cucharadas de nueces, 1 cucharada de aceite de oliva, 200 gr. de ricota desnatada, 6 cucharadas de queso rallado bajo en grasa, pimienta a gusto.

Preparación: Poner en una cacerola bastante agua con laurel, y algunas hierbas, para dar sabor al agua y cocinar los tirabuzones. Mientras picar el perejil, la ciboulette poner en una sartén junto con la ricota cuando los fideos están al dente colar, mezclar con la preparación de ricota, un poco de aceite de oliva y la albahaca cortada. Servir la pasta con nueces por encima y queso rallado.

GUISADOS

ESTOFADO DE ACELGA

Ingredientes: 1 atado de acelga, con los cabitos, 2 cebollas, 1 pimiento morrón, jengibre, 4 huevos, 1 cucharadita de ají, 1 cucharada de aceite de oliva, caldo.

Preparación: Lavar muy bien las acelgas, separar los troncos y córtalos en cubos, cortar las cebollas y el morrón. Poner todo en una cacerola no muy alta a cocinar, a fuego suave, condimentar con jengibre rallado, ají, cuando están los cabitos casi cocidos agregar el resto de la acelga cortada con las manos, mezclar bien y poner encima los huevos, y por encima unas gotas de aceite de oliva, tapar dejar cocinar hasta que los huevos estén en el punto deseado. Servir.

GUISADO DE VEGETALES AL CURRY

Ingredientes: 1 zanahoria, 1 zapallito verde, 2 zucchinis, 1 coliflor, 200 gr. de arvejas cocidas, 150 gr. de chauchas, 1 ramita de apio, 2 tomates, 1 cebolla morada, 1 morrón amarillo, 2 dientes de ajo, pimienta, 1 cucharada de curry, 2 rebanadas de pan de molde negro, 1 cucharadita de aceite de oliva, caldo cantidad necesaria, orégano.

Preparación: Lavar todas las verduras y cortar en cubos la zanahoria, zapallito, los zucchinis, el apio, la cebolla, el morrón, 1 diente de ajo, (el otro reservarlo), las chauchas cortarlas de 2 cm de largo, aproximadamente, la coliflor separarla por flor, si es grande cortarla. Poner todo en una cacerola a fuego suave, agregar un poco de caldo, pimienta y curry, dejar cocinar, mientras cortar el pan a la mitad, frotar con el ajo de ambos lados, tostarlo, al retirar poner unas gotas de aceite de oliva. Servir el guisito acompañado con la tostada con ajo.

GUISITO DE CHAUCHAS

Ingredientes: ½ pimiento rojo, 400 grs. de chauchas, 2 zanahorias, 1 cebolla, cebollita verde, perejil, ajo, paprika, 200 gr. de bola de lomo, 2 tomates, laurel, nuez moscada. 2 huevos duros.

Preparación: Picar la cebolla y el pimiento, rallar las zanahorias y el resto picado en cubos, poner en una cacerola 1 gotita de aceite e incorporar las verduras, la carne y el tomate picado, condimentar, agregar caldo cantidad necesaria, dejar cocinar. Servir espolvoreando con huevo duro rallado.

GUISITO NORTEÑO

Ingredientes: ½ kg. de habas, 2 zanahorias, 1 cucharadita de semillas de comino, 1 pimiento rojo, ¼ kg. de carne vacuna, 2 dientes de ajo, 100 gr. de queso por salud cortado en 4 cubos, ¼ kg. de zapallo, caldo cantidad necesaria, cebollita de verdeo, pimienta, cúrcuma.

Preparación: Pelar las habas, picar la carne en cubos chicos, y toda la verdura, la cebollita verde entera (parte blanca y parte verde), Poner en una cacerola los ajos con la carne cortada, que tome un poco de color, agregar las habas y el resto de los vegetales, agregar el caldo y los condimentos, dejar cocinar hasta que estén cocidas las habas. Servir y en cada plato encima poner un cubo de queso por salud o similar.

PIMIENTOS SORPRESAS

Ingredientes: 4 pimientos asados y pelados, 1 cebolla picada, 1 huevo duro, 2 tomates, 4 aceitunas sin carozos, 200 gr. de carne molida sin grasa, 5 troncos de acelga hervidos, 2 dientes de ajo, perejil picado, 1 zanahoria rallada, 1 pocillo de arroz integral cocido, orégano.

Preparación: Azar los pimientos y pelarlos, que no se rompan, picar la cebolla, el ajo y rehogar con una gota de aceite que tomen color, agregar la carne, dejar cocinar, condimentar con pimienta, orégano, agregar el resto de los ingredientes, mezclar bien y rellenar los pimientos. Poner en una cacerola un poco de caldo en la base, acomodar los pimientos y por encima los tomates picados espolvoreados con orégano. Servir caliente.

POTAJE

Ingredientes: 1 taza de porotos hervidos, 1 cebolla, 2 dientes de ajo, 1 hoja de laurel, 2 bifes de bola de lomo sin grasa, 1 tomate, pimienta, pimentón, ½ pimiento, 1 zanahoria, 1 ramita de apio, perejil, caldo, 1 cucharada de aceite, comino.

Preparación: Cortar la carne en cubos chicos, la cebolla, el pimiento, el tomate y el apio en pequeños cubos, picar el ajo y el perejil, rallar la zanahoria. En una cacerola poner el aceite, la carne y los ajos, todo junto, agregar la cebolla, el apio y el pimiento, dejar que transparente la cebolla y agregar el tomate, la zanahoria, el pimentón, la pimienta, el laurel, agregar un poco de caldo dejar cocinar a fuego suave unos 15 minutos, luego agregar los porotos y un poco de comino, cocinar unos 5 minutos y Servir.

REPOLLITOS DE BRUSELA ESTOFADOS

Ingredientes: ½ kg. de repollitos o coles de Bruselas, ¼ de tomates, 2 dientes de ajos, ½ litro de caldo de verduras, perejil picado, 2 cebollas, 4 salchichas tipo Viena, pimienta, pimentón, laurel.

Preparación: Lavar bien las coles, retirar la parte dura de los troncos, picar los ajos, los tomates y las cebollas. En una cacerola poner todo al fuego, agregar el caldo, el pimentón, laurel, tapar y dejar cocinar unos 15 minutos, cortar las salchichas, incorporar a la preparación dejar cocinar unos 5 minutos más y servir espolvoreando con perejil picado.

SABORES GUISADOS

Ingredientes: 200 gr. de lentejas hervidas, 1 cebolla, 2 dientes de ajo, 1 pimiento, ½ atado de acelga, (hojas y tallos), pimienta, pimentón, 2 zanahorias, un atado de hierbas aromáticas, 2 tomates, ¼ de carne magra, caldo cantidad necesaria, 1 cucharada de aceite de oliva, 1 cucharadita de comino.

Preparación: Remojar las lentejas un par de horas con agua caliente. Cortar la carne en trozos, poner en una cacerola con el aceite, la cebolla picada, el pimiento en cubos, agregar el tomate cortado en cubos, la zanahoria rallada y los cabitos de acelga picados. Condimentar con las hierbas, orégano, salvia, laurel, romero, agregar las lentejas caldo, cocinar unos 20 minutos y agregar, disueltos en agua el pimentón y el comino, dejar completar la cocción y servir caliente, con perejil fresco picado.

OMELETTES y TORTILLAS

Sirven, tanto los omelette como las tortillas, de entrada o como plato principal con una ensalada.

Ingredientes: 1 huevo por persona, 1 sartén de teflón chica, unas gotas de aceite, pimienta y sal.

Preparación: Mezclar el huevo con la sal y la pimienta, poner a calentar la sartén con una gota de aceite, agregar la preparación, esparcirla bien por toda la sartén, cuando está coagulando agregar el relleno elegido en la mitad y tapar con la otra mitad.

Rellenos: Pueden ser múltiples. Cualquier combinación es buena como relleno para un omelette, adaptar y combinar las siguientes propuestas a los gustos y a lo que se dispone en casa.

-   **Ricota:** 1 taza chica de ricota, bien condimentada con ajo, perejil, pimienta, 2 rodajas de tomate. Hacer el omelette, cuando esté cuajando, poner la ricota en la mitad, encima las rodajas de tomate y tapar con la otra mitad.
-   **Pollo y queso:** 2 cucharadas de pollo hervido, bien condimentado, jugo de limón, 1 feta de queso bajo en grasas, pimienta. Hacer el omelette, cuando esté cuajando agregar en la mitad el pollo desmenuzado, condimentado y unas gotas de limón, encima el queso, tapar con la otra mitad cocinar hasta que el queso se derrita.
-   **Pavo y puerro:** Pavo asado y cortado en cubos chicos, puerros cortados en tiras, pimienta, aceitunas negras, ajo. Hacer el omelette, saltear en unas gotas el puerro cortado, con un ajo, agregar el pavo, poner encima esta preparación de la mitad del omelette, poner aceitunas y tapar con la otra mitad.

Otros rellenos:

- Queso.
- Atún y queso.
- Queso, tomate y ajo.
- Ricota, ajo, perejil y champiñones.
- Pollo y queso.
- Espinacas y queso rallado parmesano.
- Pimientos asados y queso.
- Palta, tomate y queso.
- Mariscos.
- Tomate jamón y queso, etc.

TORTILLAS DE ZAPALLITOS VERDES

Ingredientes: 4 Zapallitos verdes, 2 cebollas, 2 dientes de ajo, pimienta, jengibre, 3 huevos, 1 cucharada de aceite, nuez moscada.

Preparación: Cortar los zapallitos a la mitad y luego en finas rodajas, igual la cebolla, picar los ajos, poner todo en una sartén condimentar bien con jengibre rallado. Batir los huevos condimentarlos con nuez moscada, Poner una asadera con un poco de aceite, mezclar los huevos con los zapallitos e incorporar a la sartén cocinar en horno hasta que este cocido el huevo.

TORTILLITAS COLORIDAS

Ingredientes: 3 ramitas de cebollitas verdes, 2 zanahorias hervidas, 80 gr. de champiñones, perejil, páprika, 2 huevos, 1 cucharada de aceite, ½ pimiento, orégano, 1 cucharadita de maicena.

Preparación: Picar la cebolla verde, parte verde y blanca, el pimiento, el perejil y cortar en cubos chicos las zanahorias, filetear los champiñones, y mezclar todo, agregar páprika, los huevos batidos, el orégano, la maicena, mezclar todo bien, en una sartén agregar una gota de aceite y cuando este caliente con ayuda de una cuchara formar las tortillitas cocinar de ambos lados hasta que doren.

MINI TORTILLITAS DE PAPA Y ESPINACAS

Ingredientes : ½ atado de espinacas, 1 puerro, 1 papa, nuez moscada, ají, salvia, 2 huevos, 1 cucharada de maicena,1 cucharada de aceite, laurel, 1 diente de ajo.

Preparación: Cortar la papa en cubos chicos, poner a cocinar con una hojita de laurel. Pasar por agua caliente las hojas de espinaca y luego picarlas, picar el ajo y el puerro, rehogarlo hasta que tome color, colar las papas cocida, mezclar con las espinacas, el puerro, condimentar con salvia picada, nuez moscada, mezclar los huevos e incorporar a la preparación, mezclar bien, poner una asadera con un poco de aceite y con una cuchara poner un poco de la preparación formando los bocaditos cocinar de los lados.

PIZZAS

MASAS

- ### MASA PARA PIZZAS O CALZONES

Ingredientes: 150 gr. de harina de salvado, 350 gr. harina común, 50 gr. de levadura, 1 pocillo de aceite de oliva, agua tibia cantidad necesaria, 1 pizca de azúcar.

Preparación: Poner en un recipiente profundo la levadura, la pizca de azúcar, con un poco de agua tibia desarmar, dejar hacer la esponja en un lugar tibio. Mezclar las dos harinas hacer un hueco en el centro, agregar la esponja de levadura, el aceite e ir mezclando, incorporar agua tibia cantidad necesaria, unir bien y dejar leudar en lugar tibio hasta que duplique su tamaño. Luego amasarla sacándole el aire y utilizarla para pizzas o calzones.

- ### MASA RÁPIDA PARA PIZZAS O CALZONES

Ingredientes: 150 gr. de harina de salvado, 350 gr. harina leudante, 1 pocillo de aceite de oliva, soda cantidad necesaria.

Preparación: Mezclar las harinas formar una corona, agregar en el centro el aceite y un poco de soda o agua con gas, ir uniendo hasta formar la masa, dejar reposar unos minutos, lista para usar.

CALZONE A LA TURCA

Masa para pizza según receta.

Ingredientes del Relleno: 2 cebollas, 3 tomates, orégano, pimienta, 3 dientes de ajo, aceite de oliva, 250 gr. queso cuartirolo, ají.

Preparación: Cortar la cebolla en pluma (a lo largo) y rehogarlas, estirar la masa en círculo poner la mitad sobre una asadera, en esa mitad colocar el relleno, la cebollas rehogadas, agregar la pimienta, los ajos picados, encima los tomates cortados en fetas, espolvorearlos con orégano y ají, por último el queso cortado en fetas. Tapar con el resto de masa, cerrar bien los bordes, como una empanada gigante. Llevar a horno hasta que la masa se cocine, comer bien caliente.

CALZONE NAPOLITANO

Masa para pizza según receta.

Ingredientes del Relleno: 2 cebollas, 3 tomates, 250 gr. queso cuartirolo, orégano, pimienta, 2 huevos duros, 15 aceitunas negras. Aceite 1 cucharadita.

Preparación: Cortar la cebolla en pluma (a lo largo) y rehogarlas, estirar la masa en círculo, poner la mitad sobre una asadera, en esa mitad colocar el relleno, la cebollas rehogadas, encima las aceitunas fileteadas, agregar la pimienta, los huevos duros picados, encima los tomates cortados en fetas espolvorear con orégano, por último el queso cortado en fetas. Tapar con el resto de masa, cerrar bien los bordes, como una empanada gigante. Llevar a horno hasta que la masa se cocine, comer bien caliente.

CALZONE VERANIEGO

Masa para pizza según receta.

Ingredientes del Relleno: 1 cebolla, 1 pimiento rojo, 1 tomate grande, 3 bulbos cebollita verde, palmitos a gusto, 100 gr. de jamón cocido, 20 aceitunas verdes, 1 cucharadita de semillas de hinojo. Aceite de oliva, 250 gr. de queso cuartirolo, ají.

Preparación: Rehogar con muy poquito aceite la cebolla cortada en pluma, el pimiento cortado en tiras bien finitas y la cebollita verde picada (parte blanca y verde), luego agregar el tomate picado, las aceitunas fileteadas, agregar las semillas de hinojo, condimentar con ají a gusto. Estirar la masa en forma circular, en la mitad poner la preparación, encima agregar los palmitos cortados, el jamón cortado en tiras y el queso en fetas, tapar con la otra mitad y formar como una empanada grande.

PIZZA FUGACETA

Masa para pizza según receta.

Ingredientes: ½ kg. de cebollas, orégano, aceite de oliva, ají, ¼ kg. de queso cuartirolo.

Preparación: Cortar la cebolla en pluma. Rehogar en una sartén con un poquito de aceite, que esté transparente, condimentar con ají. Estirar la masa, poner en una fuente para horno y precocinarla, luego retirar y poner encima las cebollas sobre toda la superficie, agregar orégano por encima y el queso. Llevar a horno.

PIZZA GRIEGA

Masa para pizza según receta.

Ingredientes: 2 tomates, 2 berenjenas, 2 diente de ajo, aceitunas negras, 250 a 300 gr. de queso cuartirolo, aceite de oliva, pimienta.

Preparación: Lavar las berenjenas y asarlas en horno o cocinarlas en microondas, hacerles un tajo a lo largo para que no reviente. Picar los tomates, cocinarlos con los ajos bien picados y un chorrito de aceite, condimentar con pimienta. Cuando las berenjenas estén cocidas retirar la pulpa y hacer un puré, agregarlo a la preparación anterior, mezclar bien. Estirar la masa del espesor deseado, poner en una fuente un poco de aceite y darle una precocción, luego poner por encima la preparación, agregar las aceitunas fileteadas, el queso y llevar a horno.

POSTRES

ANANÁ A LA CREMA

Ingredientes: 4 rodajas de ananá fresco, no muy maduro, 2 ciruelas pasas picadas, 2 cucharadas de nueces picadas o almendras, ½ taza de jugo de naranja, 150 gr. de queso crema natural y descremado, 1 pote de yogurt descremado sabor a elección, edulcorante a gusto, 1 cucharadita de jengibre fresco rallado, hojitas de menta para decorar.

Preparación: Cortar cada rodaja de ananá de un centímetro y medio de espesor, cortar las ciruelas e hidratarlas en el jugo de naranja tibio, luego poner en algo profundo el queso, el yogurt, las nueces picadas, el jengibre, y las ciruelas hidratadas con el jugo, agregar el edulcorante a gusto, mezclar. Poner las rodajas de ananá sobre una fuente y cubrirlas con esta crema. Llevar a la heladera que enfríe bien, servirlas en platos de postre individuales decoradas con hojitas de menta.

BAVAROIS DE YACÓN Y FRUTILLAS

Ingredientes: 150 cc de leche descremada, 2 sobres de gelatina (7gr. c/u), 250 gr. de frutillas, unas gotas de edulcorante, 2 claras a nieve, 2 sobres de edulcorante en polvo, 1 sobre de yacón deshidratado, 1 cucharada de Ron.

Preparación: Hidratar el yacón en ron y agua unos 30 minutos. Licuar las frutillas con la leche, el yacón hidratado y agregar unas gotas de edulcorante, batir las claras a punto nieve, agregar el edulcorante en polvo, hidratar la gelatina e incorporarla al batido, luego con movimientos suaves y envolventes incorporar las claras a nieve, poner la preparación en un molde, grande o individuales, llevara heladera unas horas. Servir adornando con frutillas.

BROCHETTES DE FRUTAS

Ingredientes: 1 kg. de frutas de estación a gusto, madura pero firme, manzanas, bananas, naranjas, duraznos, melón, kiwis, ciruelas, cerezas, damascos, duraznos, peras, y frutillas, jugo de ½ limón.

Preparación: Lavar las frutas y pelar las cáscaras, cortarlas del tamaño de un bocado pequeño y mezclarlas con el jugo de limón (manzanas, bananas, peras), ensartarlas en los palitos de brochette, jugando con los colores. Servir las brochettes de frutas acompañadas de una bocha de helado apto para diabéticos o alguna salsa.

BUDÍN DE QUINUA Y YACÓN (o manzanas)

Ingredientes: 3 tazas de quinua cocida, 300 gr. de yacón, edulcorante, 2 cucharaditas de gelatina, 1 cucharadas de miel, 100 gr. de nueces picadas, gotas de extracto de vainilla.

Ingredientes de la crema: 1 pote de queso crema, 1 pote de yogurt bebible vainilla, nueces picadas.

Preparación: Pelar los yacón, cortarlos en trozos, poner a hervir en agua con algo de edulcorante, hasta obtener una compota. Cuando está hecha, disolver dos cucharaditas de gelatina. Pasar la compota en un bol y agregar las cucharadas de miel, la quinua cocida, las nueces picadas, las gotas de vainilla, agregar la gelatina, mezclar bien, poner la preparación en una budinera forrada con film y enfriar durante unas seis horas en la heladera. A la hora de servir, desmoldar, hacer porciones acompañadas con crema de queso.

Preparación de la crema: Batir el queso crema blanco con el yogurt, incorporar las nueces, mezclar bien, Servir el postre con la crema fría.

CHEESE CAKES DE YACÓN O FRUTILLA

Ingredientes: 1 pionono chico. 700 gr. de yacón. 400 gr. de queso crema (bajo contenido en grasa), 1 pote de yogurt de vainilla (dietética), 2 cucharaditas de edulcorante líquido apto para cocción, jugo de medio limón mediano, 1 pizca de canela. 10 gr. de gelatina sin sabor (1 cucharada sopera), 1 papel film cantidad necesaria.

Preparación: Pelar el yacón, rallarlo, agregar el jugo del limón (evita su oxidación) y su piel. Colocar a fuego suave para cocinar durante 25 a 35 minutos. Mezclar de vez en cuando hasta obtener un dulce, luego procesar o licuar, agregar edulcorante, canela, y llevar a fuego 5 minutos más. Dejar enfriar, agregar al dulce de yacón el queso crema, el yogurt, y mezclar para integrar el ingrediente, hidratar la gelatina e incorporarla a la preparación. Forrar un molde con el papel film (para facilitar el desmoldado del postre), en la base poner el pionono y agregar la mezcla. Llevar a heladera durante 5 a 6 horas, hasta obtener una consistencia firme. Servir la porción acompañado del culis, adornar con hojas de menta y frutos de arándonos.

COCO DEL CARIBE

Ingredientes: 8 cucharadas de arroz, edulcorante a gusto, 1 cucharada de canela, 2 bananas, 1 taza de leche descremada,½ sobre de coco rallado, jugo de limón.

Preparación: Hacer hervir la leche con coco rallado, luego colar, dejar enfriar. Lavar bien el arroz y ponerlo a remojar durante ½ hora en la leche de coco. Agregar la esencia, la canela y el edulcorante; mezclar bien y cocinar hasta que esté tierno, colar si quedó jugoso, dejar enfriar y poner una capa sobre papel film, en el centro colocar ½ banana, enrollar apretando, cerrar bien las puntas deben quedar unos rollos, llevar a heladera a que enfríe. Servir los rollos, según el tamaño cortados en rodajas a la mitad bañados con salsa de naranjas y espolvorear con semillas de sésamo.

CREMA DE CIRUELAS

Ingredientes: 1 cucharada de maicena (chuño, fécula), 2 tazas de leche descremada, jugo de media naranja y la piel de media naranja, 1 cucharada de gelatina sin sabor, 4 ciruelas pasas descarozadas y tiernizadas, 3 sobres de edulcorante en polvo.

Preparación: Hidratar las ciruelas con un poco de agua. Mientras hacer la preparación, hidratar la gelatina con un poco de leche fría, poner la maicena en una cacerola chica e ir agregándole de a poco la leche fría revolviendo siempre, agregar el jugo y la piel de la naranja. Picar las ciruelas e incorporarlas, agregar la gelatina hidratada. Llevar a fuego medio revolviendo continuamente hasta que levante el hervor, retirar y agregar el edulcorante. Enfriar rápidamente en un baño María invertido. Dividir la crema en cuatro porciones y llevar a la heladera hasta que enfríe. Servir con adornos de cascaritas de naranjas.

DULZURAS DE YACÓN Y MANZANAS

Ingredientes: ½ kg. de yacón, 2 manzanas verdes, 1 sobre de coco rallado, 6 sobres de edulcorante, jugo de ½ limón y ralladura, pirotines.

Preparación: Rallar la manzana y el yacón, rociar con el jugo de limón, agregare l edulcorante, llevar a fuego suave, hasta que cocine, debe quedar espeso, sin líquido, luego procesar y dejar enfriar, una vez frío armar como albondiguitas y pasar por coco rallado, poner en los pirotines.

ESPUMA DE CAFÉ

Ingredientes: 1 pote de queso crema, 2 sobres de edulcorante, 2 claras, 2 cucharadas de café instantáneo, ½ sobre de gelatina sin sabor.

Preparación: Batir las claras a nieve, mezclar el queso con edulcorante, el café y la gelatina hidratada, mezclar con las yemas, poner en moldes individuales, llevar a heladera.

GELATINA PRIMAVERAL

Ingredientes: 1 paquete de gelatina saborizada sin azúcar, ½ litro de agua fría, 1 taza de agua caliente, ralladura de 1 limón, 2 claras, 3 sobres de edulcorante, 1 yogurt de fruta sin azúcar.

Preparación: Hidratar la gelatina en agua fría, luego agregar el agua caliente, agregar la ralladura de limón, el agua fría y el yogurt, llevar a frío, hasta que comience a endurecer, batir las claras a nieve junto con el edulcorante y mezclar con la gelatina suavemente, poner en molde húmedo o en individuales y llevar a heladera nuevamente. Servir acompañado de alguna fruta de estación en gajo o un copito de dulce de leche apto.

MASA PARA STRUDEL (salado o dulce)

Ingredientes: 2 tazas de harina común, 1 huevo, una pizca de sal, 3 gotas de edulcorante, 2 cucharadas de aceite neutro, 1 cucharada de vinagre, agua cantidad necesaria.

Preparación: Tamizar la harina, formar una corona con la sal, poner en el centro el huevo, el vinagre, el aceite e ir incorporando agua de a poco, amasar y golpear hasta formar un masa suave, dejar reposar, luego estirar hasta que quede transparente.

MERENGADOS DE ALMENDRAS

Ingredientes: 3 claras, 2 cucharada de nueces, 2 de almendras picadas, 6 cucharadas de edulcorante en polvo, 1 pote de yogurt firme, sabor banana o durazno, 1 sobre de gelatina sin sabor, frutas cubeteadas. Sal una pizca.

Preparación: Batir las claras a nieve, agregar una pizca de sal y el edulcorante, hidratar la gelatina, picar las nueces y las almendras, con cuchillo, mezclar con el yogurt y la gelatina. Esto mezclar con las claras en forma suave y envolvente, poner esta preparación en copas o moldes individuales, llevar a heladera unas horas, servir con las frutas por encima adornando con nueces y almendras.

MERENGUITOS AL CHOCOLATE

Ingredientes: 1 barra de chocolate amargo rallado, 2 cucharadas de almendras molidas gruesas, 1 clara, 4 sobres de edulcorante, 1 cucharada de maicena.

Preparación: Rallar el chocolate con la parte fina del rallador, mezclar con la harina y las almendra, batir las claras a nieve con el edulcorante, unir suavemente a la mezcla del chocolate. Sobre una placa lubricada con aceite o manteca, poner con la cuchara unos copitos, separado unos de otros, o con manga, hornear a temperatura baja (150º / 160º) unos 25 a 30 minutos, hasta que estén secos. Servir como postre 2 para c/u con fruta, ideal para adornar postres y tortas.

MOUSE DE FRUTILLAS

Ingredientes: 150 gr. de frutillas, 1 sobre de gelatina sin sabor, 1 pote de yogurt light, hojas de menta.

Preparación: Preparar la gelatina con un poco menos de agua, llevar a heladera, cuando esta firme, retirar y licuar con el yogurt, cortar las frutillas en cuartos y mezclar con lo licuado, poner en copas individuales y llevar nuevamente a heladera. Servir adornando con una frutilla y hojas de menta.

MOUSSE DE SAMBAYÓN

Ingredientes: 2 sobres o 1 cucharadita de edulcorante, 1 sobre de gelatina sin sabor, 3 huevos, ½ copita de vino oporto, 8 frutillas.

Preparación: Hidratar la gelatina, separar las claras de las yemas, batir 2 claras a punto nieve, reservarla, batir las yemas con edulcorante y el vino, hasta que esté espumoso, llevar a baño María, incorporar la gelatina, cuando la preparación esté tibia agregar a las claras e ir mezclando suavemente. Poner la preparación en moldes individuales adornar con las frutillas.

PERAS AL CHOCOLATE

Ingredientes: 4 cucharaditas de cacao instantáneo dietética, 4 peras chicas, agua cantidad necesaria, ½ pocillo de leche descremada, 3 cucharadas de queso blanco, unas gotas de esencia de vainilla, 4 sobres de edulcorante, semillas de sésamo tostadas.

Preparación: Lavar las peras, partirlas en cuatro y llevar a cocción a fuego medio, hasta que estén tiernas, que no se desarmen., mientras preparar la crema, en la leche tibia poner el cacao, el edulcorante y la vainilla. Con esta preparación mezclar el queso hasta formar una crema. En una sartén tostar suavemente las semillas. Servir frío los cuartos de peras con la crema por encima y espolvoreado con las semillas, adornar con hojitas de menta.

PERCIANITAS DE MANZANAS

Ingredientes: 1 masa para tarta de hojaldre rectangular, 3 manzanas verdes, 1 limón, 4 sobres de edulcorante (apto para cocción,), 1 huevo, nueces o almendras.

Preparación: Cortar las manzanas muy finitas, con cáscaras, ponerlas en agua con limón, luego estirar la mitad de la masa y cortarla a la mitad, a una mitad se le hace en el centro unos corte (enrejadito), en la masa sin cortes se ponen manzanas, sin líquido, dejando los bordes libres, espolvorear con edulcorante y almendras picadas, pintar los bordes con huevo y tapar con la masa enrejadita, llevar a horno fuerte hasta que esté dorado.

POSTRE DE CHOCOLATE Y NUEZ

Ingredientes: 1 cucharada de cacao amargo, 2 tazas de leche descremada, jugo de 1 mandarina y cáscara de media mandarina rallada, 1 cucharada de fécula de maíz, unas gotas edulcorante, nueces o pistachos a gusto.

Preparación: Disolver la fécula y el cacao en leche, llevar a fuego a que espese, agregar el edulcorante, el jugo y la ralladura, una vez frío incorporar las nueces o pistachos picados. Poner en una fuente o en moldes individuales, llevar a heladera. Servir frío.

POSTRE SUAVE DE POMELO

Ingredientes: 2 potes de yogurt firme, sabor vainilla sin azúcar, jugo de un pomelo y la ralladura. 350 gr. de ananá, edulcorante 3 sobres.

Preparación: Licuar parte del ananá con el jugo del pomelo, luego agregar el resto de la fruta y la cáscara de pomelo rallada. En copas poner un poco de la preparación de frutas y a modo de crema el yogurt, dejar enfriar. Al servir espolvorear con canela en polvo, adornar con hojitas de menta.

QUESILLO RELLENO CON YACÓN A LA CANELA—
con reducción de café y naranja

Ingredientes: 4 quesillos, dulce de yacón, reducción de café o culis de frutas, optativo nueces.

Preparación: Poner en cada quesillo un poco del dulce de yacón, envolver, atar o adornar con cáscaras de naranjas. Bañar con reducción de café o culis de frutas, las nueces se pueden agregar con el dulce o adornar.

Dulce: 1 yacón grande, 1 manzana, unas gotas de edulcorante apto para cocción, jugo de ½ limón, 1 cucharadita de canela. Rallar las frutas e incorporar el jugo del limón, poner a cocinar en forma suave y mezclando constantemente, agregar el edulcorante, la canela, luego de unos 15 minutos estará listo, si se desea una textura mas suave se puede procesar.

TARTA DE RICOTA

Masa

Ingredientes: 1 huevo, 200 gr. de harina leudante, una pizca de polvo de hornear, 1 cucharadita de edulcorante líquido, 30 gr. de manteca, 2 cucharada de aceite neutro.

Preparación: Tamizar los secos, formar una corona, en el centro incorporar la manteca en cubos, el aceite, el huevo, unir los ingredientes sin amasar, dejar reposar en heladera mientras hacer el relleno.

Relleno:

Ingredientes: 2 huevos, 5 sobres de edulcorante, 400 gr. de ricota descremada, 2 cucharadas de semillas de sésamo tostadas, 2 cucharadas de pasas de uvas sin semillas, esencia de vainilla, o ralladura de limón.

Preparación: Mezclar la ricota con el edulcorante, las yemas, la esencia de vainilla, las semillas de sésamo, la esencia, batir las claras a punto nieve e incorporar en forma suave. Retirar la masa de la heladera, estirarla poner encima el relleno, llevar a horno unos 35 minutos. Servir fría o tibia adornada con semillas de sésamo y hojitas de menta.

TULIP TENTACIÓN

Ingredientes: 20 gr. de crocante de cereal de salvado, 12 frutillas grandes, 4 rodajas de ananá, 2 manzanas, 4 sobres de edulcorante, 2 kiwis, 40 gr. de nueces, hojas de menta.

Ingredientes de las Tulipas: 4 claras, 80 gr. de manteca, 4 sobres de edulcorante apto para cocción, 150 gr. de harina común, 2 cucharaditas de semillas de amapolas.

Preparación: Lavar las frutillas, reservar 4 para adorno, el resto cortarlas en cuartos, cortar el ananá para ensalada, pelar las manzanas y cortarlas en cubos, los kiwis en fetas gruesas. Espolvorear con edulcorante mezclar todo reservar en heladera hasta servir.

Preparación de las Tulipas: Batir las claras, agregar la harina, las semillas, el edulcorante y la manteca derretida, mezcle muy bien hasta formar una masa poco espesa y suave. Sobre una placa enmantecada o un papel siliconado poner unas 2 cucharadas de la mezcla, con la parte de atrás de la cuchara extenderla un poco. Llevar a horno caliente hasta que los bordes estén dorados, retirar y colocar sobre una superficie que le de forma, una taza, una compotera, dejar enfriar. Antes de servir retirar todo el jugo de las frutas, que no humedezcan las tulipas. Espolvorear con nueces picadas gruesas la frutilla y hojas de menta.

SABOR A CAFÉ

Ingredientes: 1 sobre de gelatina sin sabor, canela en rama, ½ litro de leche descremada, 2 cucharadas de café instantáneo, gotas de esencia de vainilla, 3 sobres de edulcorante, 2 claras a nieve, nueces mariposa para adornar.

Preparación: Hidratar la gelatina, hervir la leche con la canela y la vainilla, apagar, esperar que baje un poco la temperatura y agregar a la leche, disolver el café y agregar a la preparación, batir las claras a nieve con el edulcorante, unir todo en forma envolvente, poner en moldes, al servir adornar con una nuez.

STRUDEL DE RICOTA

Ingredientes: Masa para strudel o masa de tarta estirada bien finita, 5 sobres de edulcorante, 2 yemas, ½ kg. de ricota, ralladura de limón, 1 yogurt natural o de vainilla, 100 gr. de pasas de uva sin semillas, 100 gr. de nueces, 1 copita de coñac, semillas de lino o amapolas, a gusto.

Preparación: Hidratar las pasas de uva en el coñac, mientras pisar la ricota e ir mezclándola con el edulcorante, la ralladura de limón, el yogurt, las yemas ya batidas, las nueces y las pasas de uva. Estirar la masa bien finita, casi transparente en forma rectangular, ayudarse con un papel film o un repasador como base, cubrir con el relleno la masa, dejando los bordes libres de relleno. Pintarlos con huevo batido, enrollarlos, cerrarlos bien y llevar a una fuente para horno, pincelar con huevo por arriba y espolvorear con las semillas, hornear unos 40 minutos. Servir frío o caliente.

SALSAS DULCES

CULIS DE ARÁNDANOS Y LOCOTO

Ingredientes: 100 gr. de arándonos, edulcorante, una pizca de locoto, agua o vino seco 1 pocillo.

Preparación: Lavar los arándonos, poner todos los ingredientes a cocinar a fuego suave, durante unos 30 minutos. Luego según la textura deseada se puede procesar. Listo para utilizar frío o caliente en preparaciones dulces como saladas.

CULIS DE MANGO

Ingredientes: 1 mango, jugo de una naranja, 1 sobre de edulcorante, ½ copita de oporto.

Preparación: Pelar el mango, cortarlo en cubos y licuar con el jugo de naranjas, colocar en una cacerola con edulcorante apto para cocción, dejar reducir, enfriar y agregar el porto, servir fría o tibia.

CREMA DE DURAZNO

Ingredientes: ½ lata de durazno al natural, sin azúcar apta para diabéticos, 1 cucharada de crema de leche.

Preparación: Licuar el durazno, en lo posible sin el jugo o muy poco, mezclar con la crema de leche, llevar a heladera, mantener frio hasta el momento de servir, acompaña postres, helados etc.

REDUCCIÓN DE CAFÉ Y NARANJA

Ingredientes: 2 naranjas bien jugosas, edulcorante, 1 pocillo de café concentrado, 1 cucharada de maicena.

Preparación: Calentar el jugo de naranja y con éste hacer el café, llevar a fuego suave agregar la maicena y el edulcorante, dejar que tome una suave consistencia. Se puede servir frío o caliente dependiendo el postre. También sirve para carnes y pollo.

SALSA COLORIDA DE KIWI

Ingredientes: 4 kiwis bien maduros, 1 naranja agria, 1 cucharadita de edulcorante líquido apto para cocción.

Preparación: Pelar los kiwis, la naranja rallar la piel y exprimirla, licuar el kiwi con el jugo de naranjas, poner en una cacerola el licuado con las cáscaras de naranja y el edulcorante, llevar a fuego suave hasta que reduzca, acompañar postres, tartas helados.

SALSA DE NARANJAS

Ingredientes: jugo de 4 naranjas, 1 cucharada de fécula de maíz, 2 sobres de edulcorante, 1 clavo de olor.

Preparación: Colocar en un recipiente el jugo de naranja con la fécula disuelta en líquido frío y cocinar. Agregar el edulcorante y el clavo de olor, dejar cocinar hasta que espese.

SALSA DE FRUTILLAS

Ingredientes: 250 gr. de frutillas, 2 cucharada de coñac, 1 taza de agua, edulcorante en polvo a gusto.

Preparación: Lavar las frutillas, retirar el cabito y licuarlas junto al resto de los ingredientes, llevar a fuego suave hasta obtener la consistencia y textura deseada.

SALSA RÁPIDA DE FRUTAS

Ingredientes: ½ pote de dulce de frutos rojos, sin azúcar apto para diabéticos, 1 cucharada de ron u oporto.

Preparación: Mezclar el dulce con la cucharada de licor, mezclar bien, si queda muy espeso agregar un poco de agua hasta obtener la consistencia deseada.

TRAGOS

BATIDO DE PERAS

Ingredientes: 3 peras, edulcorante líquido, agua fría, jugo de 2 limones, hielo picado.

Preparación: Lavar y cortar las peras en cubos, echar todos los ingredientes en la licuadora y licuar durante unos minutos a potencia máxima. Servir en vasos largos de tragos con hielo picado.

ESPUMANTE DE FRUTILLA

Ingredientes: 1 litro de gaseosa de lima limón sin azúcar bien fría, ¼ de frutillas, agua cantidad necesaria, hielo.

Preparación: Limpiar bien las frutillas, licuarlas con un poco de agua, luego poner en una jarra, agregar la gaseosa de a poco, por la espuma. Servir bien frio.

FRESCURA CÍTRICA

Ingredientes: 1 vaso de jugo de naranja natural, ½ vaso de jugo de limón, 1 vaso de jugo de pomelo, soda, o agua cantidad necesaria, cubitos de hielo, rodajas de limón, pomelo y naranja.

Preparación: Mezclar. Poner en una jarra todos los jugos cítricos junto con las rodajas de limón, naranja y pomelo, mezclar, agregar soda y hielo a gusto.

PIÑA

Ingredientes: ½ ananá, 2 sobres de edulcorante, 1 clara batida, agua bien fría.

Preparación: Pelar el ananá, cortar en cubos, licuar, agregar el edulcorante o agua hasta obtener la consistencia deseada, batir la clara bien espumosa, agregar 1 sobre de edulcorante. Servir en un vaso trago largo encima poner un copete de clara batida.

TRAGO FRÍO DE CAFÉ

Ingredientes: 1 litro de café (el que prefiera), ¼ kg. de helado de vainilla, sin azúcar, 1 edulcorante, 1 cucharadita de canela en polvo.

Preparación: Hacer el café, según está acostumbrado, agregar edulcorante a gusto, dejar enfriar en heladera. Servir bien frio en copas, encima poner un poco de helado de vainilla y espolvorear con canela en polvo.

TUTIFRUTI—(refresco para todos los días)

Ingredientes: Cáscaras de todas las frutas, (manzanas, peras, ciruelas, ananá, zanahorias, etc.) 2 clavos de olor, 2 anís estrellado, ramas de canela, edulcorante a gusto, 3 hojas de menta, 3 litros de agua, stevia, y hojas de yacón.

Preparación: Poner el agua al fuego, poner todas las cáscaras que se tengan de otras preparaciones, poner todo adentro de la olla, el anís, el clavo de olor, la ramita de canela, las hojas de mentas de yacón, dejar hervir y que reduzca, apagar dejar enfriar, colar y agregar edulcorante a gusto, u hojas de stevia, llevar a heladera. Servir bien fresco, como un refresco.

PANES Y BIZCOCHUELOS

BIZCOCHUELO MARMOLADO

Ingredientes: 6 huevos, 6 sobres de edulcorante, 200 gr. de harina leudante, 1 cucharadita de polvo de hornear, ralladura de limón, 1 cucharada de cacao amargo.

Preparación: Colocar en un bol la harina, el edulcorante, la ralladura de limón, el polvo de hornear y los huevos. Batir hasta conseguir punto letra. Agregar el cacao mezclar suavemente formando un marmolado, luego llevar la preparación a un molde lubricado de 24 cm. y cocinar en horno a temperatura moderada.

GALLETITAS LIGHT DE YACÓN

Ingredientes: ½ kg. de harina leudante, jugo de 2 naranjas y ralladura de ½, 2 cucharadas de edulcorante líquido, 1 cucharadita de polvo de hornear, 1 yacón, ½ taza de aceite neutro.

Preparación: Mezclar la harina con el polvo de hornear, agregar en el centro el aceite, el jugo de naranja, la ralladura, a último momento rallar el yacón, agregar, ponerle unas gotas de limón para que no se oxide, unir todo, estirarla sobre superficie enharinada. Cortar con un cortapasta e ir poniendo sobre placa enmantecada, cocinar en horno durante unos 15 minutos.

PAN DE ACEITUNAS Y ESPECIAS

Ingredientes: 150 gr. de harina integral, 150 gr. de harina de quinua o harina de avena, 200 gr de harina leudante, 1 cucharada de polvo para hornear, 1 cucharada de provenzal, 1 cucharada de queso rallado, unas hojitas de romero, 1 cucharadita de ají, 100 gr. de aceitunas negras, 3 cucharadas de aceite de oliva, agua o caldo cantidad necesarias.

Preparación: En un recipiente grande mezclar las harinas con las especies, condimentos, el polvo de hornear, el queso, agregar las aceitunas fileteadas. Formar una corona y en el centro agregar el aceite, de a poco el caldo, mezclar, formar una masa suave y elástica. Formar panes individuales o colocar en un molde.

PAN DE NUEZ

Ingredientes: 3 zapallitos tiernos verdes, 180 gr. de harina, 1 cucharada de polvo de hornear, 1 huevo grande, 1 cucharada de edulcorante liquido, canela en polvo, 150 gr. de nueces picadas, 1 taza de aceite neutro, leche descremada cantidad necesaria.

Preparación: Lavar los zapallitos, rallarlos separando todas las partes duras, mezclar la harina con el polvo de hornear, la canela, batir el huevo e incorporar a los secos junto con el aceite y los zapallitos, si es necesario agregar leche, muy poca, unir y agregar las nueces, poner la preparación en una budinera lubricada, cocinar en horno medio temperatura de 170° durante unos 50 minutos aproximadamente. Desmoldar con mucho cuidado ya que es muy tierno.

PANECILLO DE NUEZ

Ingredientes: ½ kg. de harina leudante, 1 cucharadita de polvo leudante, 3 cucharadas de aceite neutro, 2 tazas de leche descremada, 1 zapallito verde rallado, 100 gr. de nueces, 2 cucharadas de semillas de sésamo y 2 de amapolas, 1 cucharada de edulcorante líquido (apto para cocción), 2 cucharadas de harina de quinua o de salvado, 1 huevo, esencia de vainilla, edulcorante en polvo.

Preparación: Formar una corona en la mesada con las harinas tamizadas, el polvo de hornear y las semillas, en el centro agregar el zapallito rallado, el huevo, el edulcorante, el aceite, la esencia e ir uniendo y de a poco agregar la leche y las nueces pasadas por harina. Unir muy bien, debe quedar una masa liviana, colocar en moldes del tamaño deseado. Cocinar en horno 150° hasta que estén cocidos, por dentro son húmedos. Dejar enfriar, adornar por encima con edulcorante en polvo como azúcar impalpable.

QUINUA EN GALLETAS

Ingredientes: 2 tazas de harina leudante, 1 taza de harina de quinua, 150 gr de manteca, 1 yema, 1 cucharada de semillas de amaranto y una pizca de semillas de comino, sal.

Preparación: Mezclar las harinas, agregar las semillas, la sal y formar una corona, incorporar en el centro la manteca pomada y el huevo, unir hasta formar una masa, si es necesario agregar un poco de leche, dejar reposar en heladera unos 20 minutos, luego estirar de ½ cm. de espesor, cortar en forma círculos y hornear unos 15 minutos. Para usar como base de bocaditos, para la hora del té con dulce de yacón.

RECETAS PARA CELÍACOS Y DIABÉTICOS

Todos los productos de las recetas deben ser libres de gluten. Sin TACC.

BIZCOCHUELO

Ingredientes: 50 gr. de leche en polvo descremada, 1 huevo entero y 3 claras, edulcorante apto para cocción 2 cucharadas, polvo para hornear 1 cucharadita, esencia de vainilla 1 cucharadita, ralladura de limón y de naranja 2 cucharaditas.

Preparación: En un bol mezclar la leche en polvo con el huevo entero, el edulcorante y el polvo para hornear, la esencia de vainilla y las ralladuras, de limón y de naranja. Mezclar hasta lograr una crema homogénea. Batir a punto nieve las claras y agregarlas con suavidad. Verter en un molde de 24 cm de diámetro humedecido con rocío vegetal. Hornear a temperatura moderada de 15 a 20 minutos.

MANZANITAS SORPRESA

Ingredientes: 4 manzanas firmes, 4 sobres de edulcorante o stevia granulada, gotitas de oporto, papel aluminio.

Preparación: Retirar una tapa de las manzanas y sacar las semillas, poner sobre una fuente para horno, en cada una poner 1 sobre de edulcorante y unas gotas de oporto, tapar con el aluminio y llevar a horno durante unos 10 minutos, retirar el papel aluminio y terminar la cocción.

PALITOS DE LECHE Y CANELA

Ingredientes: ½ litro de leche descremada, edulcorante a gusto, 1 ramita de canela, gotas de esencia de vainilla, optativo 1 cucharada de oporto, chocolate amargo para decorar.

Preparación: Calentar la leche con la canela, agregar el edulcorante, dejar enfriar, retirar la canela y agregar la esencia de vainilla y el oporto. Una vez frío poner en los moldes para helados, o en cubeteras con palitos de brochettes, antes de servirlos calentar el chocolate y hacer unos hilos o bañar las puntas.

SORBETES / PALITOS HELADOS DE BANANA

Ingredientes: 2 bananas, ½ litro de leche, 1 sobre de edulcorante, canela a gusto.

Preparación: Pelar las bananas, cortarlas y licuarlas con leche, agregar la canela y el edulcorante, poner en cubeteras para hacer helado, o para hacer hielo con un palito, llevar al congelador.

ANEXO

ANEXO 1

CUADRO de alimentos crudos cada 100 gramos que equivale aproximadamente a una taza mediana. Los valores consignados, son aproximados. (1)

NUTRIENTES CADA 100 GRAMOS			
LECHES	**CAL/100 gr**	**HC**	**PROTEINAS**	**GRASAS**
Leche chocolatada	62	10	3	1.1
Leche descr. en polvo	36	5.1	3.5	0.1
Leche entera	57	4.5	3	3
Leche entera azucarada	79	10	3	3
Leche descremada	45	4.7	3.1	1.5
Leche cultivada. descr.	32	4.3	3.6	0.1
Leche cultiv. entera/frutas	89	14	3.5	2.2
Yogur con cereales	48	9	3	0.05
Yogur con fibras y frutas	71	12.5	4.7	0.2
Yogur con cereal azúcar,	119	21	3.8	2.2
Yogur descr. Saborizado	34.5	4.4	3.6	0.05
Yogur descr. con frutas	48	9	2.8	0.03
Yogur descr. y corn flakes	63	11.4	4.2	0.04
QUESOS	**CAL/100 gr**	**HC**	**PROTEINAS**	**GRASAS**
Queso "Philadelphia" light	200	6.6	10	16.6
Queso camembert-Brie	527	-	26.7	29.7
Queso Cheddar Argentino	374	-	26	30
Queso Chubut	328	-	25.9	24.9

Queso crema	245	3.7	8.2	22
Queso cremoso	305	1.3	18.7	25
Queso cuartirolo	273	-	21	21
Queso de cabra	173	3.7	16	10.3
Queso de máquina	250	1.9	16.5	17.2
Queso Edam diet	268	1	30	16
Queso Fontina	369	-	27	29
Queso fundido untable	285	2.9	10	25.9
Queso Gruyere	357	10	28	26
Queso Mar del Plata	400	-	29.5	31.3
Queso mini Fymbo	343	-	25	27
Queso Mozzarella	334	-	24	26
Queso Parmesano	393	2.9	36	26
Queso Pategrás	365	-	26	29
Queso Petit Suisse	165	3.5	7.5	13
Queso Port Salut diet	214	0.5	26	12
Queso Provolone	392	-	30.5	30
Queso Rallado	427	-	42.5	28.5
Queso Reggianito	334	-	34	22
Queso Ricotta	185	2.5	14.5	13
Queso Ricotta descremada.	105	2	13	5
Queso Roquefort	364	-	20	31
Queso Sardo	367	-	31	27
Queso tofu	134	1	13	9
HUEVOS	**CAL/100 gr**	**HC**	**PROTEÍNAS**	**GRASAS**
Clara de huevo	53	1	11	0.2
Huevo de codorniz	179	3.6	11.6	13.1
Yema de huevo	341	2	16	29.2
CARNES	**CAL/100 gr**	**HC**	**PROTEÍNAS**	**GRASAS**
Bife angosto	182	-	20.8	10.3
Cuadril	303	-	17.4	25.3
Lomo	241	-	18.5	17.9
Lomo magro	148	-	20.7	6.5
Tapa de asado	325	-	16.63	28.15

Tira de asado	401	-	14.8	37.4
Vacío	144	-	21.6	5.7
Carne de cerdo	346	-	14.6	31.4
Chivo	165	-	18.7	9.4
Ciervo	120	-	22.9	2.4
Liebre	135	-	21	5
Conejo	156	-	20.3	7.7
Chinchulines de vaca	98	-	14.5	3.9
Hígado de vaca	134	3.6	19.8	3.9
Lengua de vaca	191	0.9	16	13.2
Mollejas de vaca	229	-	14.4	19
Mondongo de vaca	90	1.4	14	2.7
Riñón de vaca	124	1.8	16.8	5
FIAMBRES Y EMBUTIDOS	**CAL/100 gr**	**HC**	**PROTEINAS**	**GRASAS**
Jamón cocido	126	3	20	4
Jamón crudo	296	-	25.8	20.6
Lomo	153	3	23	5
Mortadela	309	4	17	25
Paleta	121	3	16	5
Pastrón	125	2	18	5
Salchicha de Viena	269	4.6	12	22.5
Salchicha de Viena diet.	150	-	13.9	10.5
AVES	**CAL/100 gr**	**HC**	**PROTEINAS**	**GRASAS**
Hamburguesa de pollo	153	1.8	19.1	7.7
Pavo	268	0.5	20	20.1
Pavita	163	-	21.7	6.5
Pollo, carne de	170	-	18.2	10.2
Menudos de pollo	103	0.1	17.5	3.1
PESCADOS	**CAL/100 gr**	**HC**	**PROTEINAS**	**GRASAS**
Bacalao	77	-	17.5	0.3
Brótola	84	-	16.7	0.8
Caballa	165	-	21.3	8.2
Lenguado	87	-	19	0.5
Merluza	90	-	19.3	0.8

Pejerrey	87	-	18.8	0.9
Salmón rosado	99	-	16.95	2.93
Surubí	109	-	18.2	4
ENVASADOS	**CAL/100 gr**	**HC**	**PROTEINAS**	**GRASAS**
Anchoas	175	-	11.7	10
Arenque en salmuera	219	-	21	15
Atún en aceite	288	-	24.2	20.5
Atún en agua	127	-	28	0.8
Caviar en lata	262	3.3	26.9	15
Kani-Kama	80	-	10.5	0.3
Sardinas en aceite	238	-	23.4	13.2
MARISCOS	**CAL/100 gr**	**HC**	**PROTEINAS**	**GRASAS**
Almeja	76	2	12.6	1.6
Calamar	78	-	16.4	0.9
Langosta	88	0.5	16.2	1.9
Langostino	115	-	17.9	4.3
Mejillón	95	3.2	14.4	2.1
Ostra	44	3.5	5.8	0.5
Pulpo	56	-	12.6	0.3
Vieira	78	3.4	14.8	0.1
VEGETALES, HORTALIZAS Y LEGUMBRES	**CAL/100 gr**	**HC**	**PROTEINAS**	**GRASAS**
Acelga	25	4.6	2.4	0.3
Achicoria	20	3.8	1.8	0.3
Ají Morrón rojo	24	5.1	0.8	0.2
Alcaucil	33	6.9	2.8	0.2
Alfalfa, brotes de	52	9.5	6	0.4
Apio	21	3.3	1.1	0
Arvejas	84	14.4	6.3	0.4
Batata	114	26.3	1.7	0.4
Berenjena	25	5.6	1.2	0.2
Berro	19	3	2.2	0.3
Brócoli	32	5.9	3.6	0.3

Calabaza	26	6.5	1	0.1
Cebolla	38	8.7	1.5	0.1
Chauchas	32	7.1	1.9	0.2
Col de Bruselas	45	8.3	4.9	0.4
Repollo Blanco	24	5.4	1.3	0.2
Repollo Colorado	31	6.9	2	0.2
Coliflor	27	5.2	2.7	0.2
Endibia	20	4.1	1.7	0.1
Escarola	20	4.1	1.7	0.1
Espinaca	26	4.3	3.2	0.3
Espárrago	26	5	2.5	0.2
Haba	118	20.3	9.3	0.4
VEGETALES	**CAL/100 gr**	**HC**	**PROTEINAS**	**GRASAS**
Hinojo	28	5.1	2.8	0.4
Hongos	28	4.4	2.7	0.3
Lechuga	13	2.9	0.9	0.1
Choclo	96	22.1	3.5	1
Palmito	26	5.2	2.2	0.2
Palta	162	6.4	1.8	16
Papa	76	17.1	2.1	0.1
Pepino	15	2.7	0.7	0.1
Rabanito	16	2.8	0.6	0.1
Remolacha	44	9.5	1.7	0.1
Soja, brotes de	58	5.9	4.1	1.1
Tomate	22	4.7	1.1	0.2
Zanahoria	42	9.7	1.1	0.2
Zapallito	17	3.6	1.2	0.1
LEGUMBRES SECAS	**CAL/100 gr**	**HC**	**PROTEINAS**	**GRASAS**
Arvejas secas	340	60.3	24.1	1.3
Garbanzos	360	61	20.5	4.8
Lentejas	340	60.1	24.7	1.1
Porotos	340	61.3	22.3	1.6
Soja, grano entero	306	33.3	33.4	16.1

FRUTAS FRESCAS	CAL/100 gr	HC	PROTEINAS	GRASAS
Ananá	52	13.7	0.4	0.2
Banana	85	22.2	1.1	0.2
Cereza	58	14.3	1.2	0.3
Ciruela	47	11.9	0.6	0.2
Coco fresco	296	13.7	3.5	27.2
Damasco	57	13.8	0.8	0.6
Durazno	52	13.3	0.8	0.2
Frutilla	36	8.5	0.8	0.3
Granada	67	16.2	0.8	0.7
Higo	62	15.6	1.2	0.2
Kinoto	62	15.6	1.3	0.2
Kiwi	53	10.8	0.8	0.6
Limón	29	8.1	0.6	0.6
Mandarina	43	10.9	0.7	0.2
Manzana	58	15.2	0.3	0.3
Melón	44	11.1	0.6	0.3
Naranja	42	10.5	0.8	0.2
Pera	56	14.8	0.3	0.2
Pomelo	41	10.6	0.5	0.1
Sandía	22	5.3	0.5	0.1
Uva	68	16.7	0.6	0.7
FRUTAS SECAS/ DESHIDRATADAS	CAL/100 gr	HC	PROTEINAS	GRASAS
Almendra	547	19.6	18.6	54.1
Avellana	647	19.8	10.8	63.2
Castaña de pará	640	20.5	13.2	60.3
Maní	560	17.5	26.7	47.3
Nuez	664	13.2	13.7	67.2
Pistacho	594	19	19.3	53.7
Ciruela	255	67.4	21	0.6
Durazno	262	68.3	3.1	0.7
Dátil	274	72.9	2.2	0.5
Higo	274	69.1	4.3	1.3

Pasa de uva	289	77.4	2.5	0.2
FRUTAS ENVASADAS DIET	**CAL/100 gr**	**HC**	**PROTEINAS**	**GRASAS**
Ananá	35	8.34	0.38	0.12
Cóctel de Frutas diet	36	8.34	0.38	0.12
Durazno en almíbar diet	14	2.8	0.2	0.2
Peras en almíbar diet	25	5.5	0.4	0.2
CEREALES	**CAL/100 gr**	**HC**	**PROTEINAS**	**GRASAS**
Arroz Blanco	343	78.6	6.7	0.25
Arroz integral	353	75.8	8.7	1.7
Avena "Nestum"	410	71.5	13	8
Avena arrollada	387	62.5	12.7	9.5
Avena, salvado de	383	58.9	17	8.8
Cereal Mix	375	67.5	9.5	7.2
Choco cereal	400	86.7	6.7	3.3
Copos de Maíz	367	83	6.6	0
Copos de Maíz azucarados	367	93	3.3	0
Froot Loops	367	83.3	6.7	3.3
Harina de Gluten	378	47.2	41.4	1.9
Maíz, harina precocida	374	81.4	7.2	1.2
Maíz, almidón de	355	88.2	0.3	0.1
Sémola	346	71	12	1.5
Trigo, harina	345	74.5	9.5	1.1
Trigo, harina integral	333	71	13.3	2
Trigo, salvado de	353	61.9	16	4.6
PASTAS FRESCAS Y SECAS	**CAL/100 gr**	**HC**	**PROTEINAS**	**GRASAS**
Capeletis cuatro quesos	275	47	8.5	5.9
Fideos	369	75.2	12.5	1.2
Fideos soperos	343	72.2	11	1.1
Masa de empanadas	385	43.5	5	21.2
Masa de pizza de molde	246	46.9	6.6	3.4
Ñoquis de papa	246	40.2	6.3	6.6
Ravioles de carne y jamón	253	44.4	9.1	4.4
Tallarines al huevo	287	56.8	9.2	2.6
Fideos de gluten	363	54	33	1.6

Fideos de harina integral	359	70	15.4	1.7
Fideos diet	370	54	32	1
PAN	CAL/100 gr	HC	PROTEINAS	GRASAS
Pan alemán	263	56.5	8.9	0.2
Pan francés	269	57.4	9.3	0.2
Pan Lacteado	256	52.4	7.6	1.7
Pan de centeno	245	50.5	8.2	1.1
Pan de salvado doble diet	228	36.8	13.5	3
FACTURAS Y MASAS	CAL/100 gr	HC	PROTEINAS	GRASAS
Bombas	373	33.4	14	20.4
Cañón de dulce de leche	397	53.7	6.7	17.3
Churros	348	40	4.6	20
Magdalena	391	48.4	5.3	18.4
Medialuna	318	55	9.1	6.9
Mil hojas	630	45	8.6	46.2
Palmeras	475	45	5.2	30.5
Panqueques	235	28.9	9.4	9.1
Scons	398	49.3	10.8	17.5
GALLETITAS	CAL/100 gr	HC	PROTEINAS	GRASAS
Bay-biscuit	392	83.3	8.6	2.7
Galleta marinera	361	75.9	12.8	0.7
Galletitas de agua	415	72.2	8.6	10.2
Galletitas con salvado	438	69.3	13.8	12.4
Galletitas con salvado diet	310	59.2	13	2
Galletitas dulces	457	73.4	7	15.1
Galletitas dulces rellenas	496	70.7	3.5	22.1
Grisines	342	72.6	12.5	0.2
Vainilla	388	81.6	7.8	3.4
Cuerpos Grasos				
GRASAS—ACEITES	CAL/100 gr	HC	PROTEINAS	GRASAS
Crema de leche	422	2.5	1.7	45
Manteca	744	0	1.5	82
Manteca de cacao	925	0	0	94.5

Manteca de maní	581	17.2	27.8	49.4
Margarina	730	0.4	0.6	81
Margarina diet	333	1.8	0.2	36.1
Aceite de girasol	860	0	0	100
Aceite de oliva	860	0	0	100
Ketchup	150	3.5	2	0
Mayonesa	800	1.5	1	81.3
Mostaza	75	6.4	4.7	4.4
Salsa blanca	163	8.8	3.9	12.5
Salsa de soja	61	8.3	8.8	0
Salsa pomarola	60	3.2	1.9	4.4
Salsa golf	640	7	1.6	67
Mayonesa light	374	7.5	0.5	38
AZÚCAR Y DULCES	**CAL/100 gr**	**HC**	**PROTEINAS**	**GRASAS**
Azúcar blanca	385	99.5	0	0
Azúcar morena	373	96.4	0	0
Dulce de batata	255	62.4	0.1	0.55
Dulce de leche	284	52	5.5	6
Dulce de membrillo	278	86.8	0.98	0.44
Jaleas	261	65	0.2	0
Mermelada	272	70	0.6	0.1
Miel	294	79.5	0.3	0
DULCES DIETÉTICOS	**CAL/100 gr**	**HC**	**PROTEINAS**	**GRASAS**
Dulce de batata diet	171	42	0.1	0.16
Dulce de leche diet	210	27	6	2.5
Jalea diet	106	26.1	0.4	0.07
Mermelada diet	110	26.8	0.4	0.007
Bebidas				
BEBIDAS SIN ALCOHOL	**CAL/100 gr**	**HC**	**PROTEINAS**	**GRASAS**
Agua tónica	34	8.5	0	0
Alimento de soja líquido	44	10.1	0.5	0.2
Bebida gaseosa azucarada	48	12	0	0

BEBIDA CON ALCOHOL				
Aperitivo—Cerveza—Tragos	CAL/100 gr	HC	PROTEINAS	GRASAS
Vermouth amargo	112	0	0	0
Vermouth americano	104	0	0	0
Cerveza	48	3.8	0.6	0
Cerveza ligth	28	1.3	0.2	0
Champagne—Sidra—Licores	CAL/100 gr	HC	PROTEINAS	GRASAS
Champagne demi-sec	90	2.5	0	0
Champagne dulce	118	10	0.2	0
Champagne seco	85	1.2	0	0
Sidra	72	9.1	0	0
Anisette	385	35	0	0
Crema de cacao	260	30	0	0
Licor	285	33.8	0	0
BEBIDAS CON ALCOHOL	CAL/100 gr	HC	PROTEINAS	GRASAS
Coñac	280	0	'	'
Caña	273	'	'	'
Ginebra	245	'	'	'
Grapa	'	'	'	'
Pisco	210	'	'	'
Ponche	203	'	'	'
Rhun	245	'	'	'
Ron	305	'	'	'
Vodka	315	'	'	'
Jerez	153	11.4	'	'
Vino promedio	53	'	'	'
Marsala	105	5	0.3	'
Oporto	130	6	0.3	'
Whisky (promedio)	264	'	'	'
TRAGOS	CAL/100 gr	HC	PROTEINAS	GRASAS
Daiquiri	122	5.2	0.1	0.1
Gin&Tonic	76	7	'	'
Martini	140	0.3	0.1	0.1
Piña colada	194	29.6	0.4	1.9

10.1 Golosinas	CAL/100 gr	HC	PROTEINAS	GRASAS
Alfajor de dulce de leche	391	73.9	4.6	8.5
Almendra c/chocolate	569	39.6	12.3	43.7
Caramelo c/dulce de leche	389	94	0.9	1
Mantecol	529	52.9	14.1	28.2
Merengue	378	92.6	1.7	0.1
CHOCOLATE	CAL/100 gr	HC	PROTEINAS	GRASAS
Chocolate blanco	563	52.2	7.1	36.2
Chocolate con leche	542	54	6	33.5
Chocolate amargo	570	18	5.5	52.9
Chocolate c/almendras	583	51	8	38.6
Chocolate de taza	471	58.9	5.4	32.1
Polvo de cacao	343	74.2	5.2	2.8
COPETÍN	CAL/100 gr	HC	PROTEINAS	GRASAS
Almendras tostadas	627	19.5	18.6	57.7
Chizitos	520	56	12	32
Maní salado	600	20	32	44
Palitos salados	591	53.9	7.3	38.5
Papas fritas	540	48	8	36
Pochoclo	386	76.4	12.9	5
Pochoclo acaramelado	520	64	4	28
SEMILLAS	CAL/100 gr	HC	PROTEINAS	GRASAS
Semillas de amapola	533	23.7	18	44.7
Semillas de girasol	560	19.9	23	47.3
Semillas de sésamo	563	21.6	18.6	49.1

ANEXO 2

GLOSARIO DE TÉRMINOS CULINARIOS

ABRILLANTAR: Es la operación de dar brillo. Para ello se acostumbra emplear jarabe, jalea, gelatina.

ACARAMELAR: Bañar o untar con caramelo.

ADREZAR: Dar los últimos toques a un plato, o añadir crema a una preparación. Condimentar, sazonar, manjares.

ADOBAR: Preparar en crudo los manjares, ya sea carnes o pescados, sumergiéndolos antes de guisarlos en una mezcla de cebolla, ajos, aceite, sal, vinagre y especias. Si la receta lo indica también zanahorias y perejil.

AGREGAR: Añadir.

AHUMAR: Exponer las carnes o pescados al humo para darle un sabor especial y prolongar su conservación.

AJI MOLIDO: Chile molido.

AL DENTE: Cocinar una pasta o vegetales, hasta que esté suave pero firme.

ALOLI: Mayonesa con ajo.

ALIÑO: Lo mismo que aderezo.

ALMIDÓN: Harina de cereales que tiene como función la de ligar.

AL NATURAL: Se dice de un alimento crudo sin aliño.

AMASAR: Trabajar una masa con las manos hasta que tome consistencia.

ANANA: Piña.

ARÁNDANOS: Blueberry.

BAQUILLAS: Instrumento de latón que se adapta a las mangas pasteleras.

BOUQUETGARNI: Hierbas o plantas aromáticas atadas juntas en pequeños ramos.

BRUNOISE: Legumbres cortadas en pequeños dados de dos milímetros.

CAMA: Capa de legumbres en el fondo de un plato o una cacerola.

CANAPÉ: Trozo pequeño de pan, cortado en forma decorativa, con diferentes adornos y sabores.

CALDO CORTO: (hervor corto) Caldo preparado con verduras y hierbas aromáticas para escalfar los pescados y se cocina poco tiempo.

CERNIR: Pasar la harina por un tamiz, coladera o cernidor para hacer mas ligero.

CLARIFICAR: Quitar impurezas y dar limpidez a un jugo o caldo por medio de claras de huevo o sangre. Separar la clara de un huevo de la yema, leche e impurezas de la mantequilla.

COCER EN BLANCO: Cocer sin relleno tartaletas, timbales, etc.

COCER EN GRASO: Todo aquello se cuece con alimentos grasosos.

COCER EN MAGRO: Proceso de cocción sin utilizar grasa de animales.

COCOTERA: Adaptación de la voz francesa bouquet que significa cazuela pequeña de barro refractario.

COMPOTA: Frutas cocidas enteras o en trozos grandes en almíbar.

CONDIMENTAR: Sazonar.

CONCASSÉE: Picar grueso tomates, tocino, huevos, etc.

CONGELAR: Someter un alimento a muy baja temperatura para facilitar su conservación.

CONSOMÉ: Caldo que se ha cocido varias horas y que está clarificado.

CORTADA: Se dice que una salsa se corta cuando se separan sus componentes.

CORTEZA: Parte exterior de la naranja, limón etc. Parte exterior del tocino, queso etc.

COULIS: Voz francesa que significa jugo de tomate. Cuando se trata de otro fruto el nombre es el mismo.

CUBRIR: Bañar con abundancia un pastel, carne o verdura con alguna salsa, glaseado o queso líquido.

CULIS: Salsa a base de frutas para acompañar postres, helados, etc.

CURRY: Especias molidas de origen hindú.

CHILE: Ají picante

DESBRIDAR: Retirar el hilo de sujeción de una pieza después de cocida.

DESCREMAR: Quitar la crema de la leche.

DESECAR: Provocar la evaporación del agua de una preparación de legumbres.

DESVAINAR: Quitar las vainas de ciertas legumbres como las habas, etc.

DESGRASAR: Quitar el exceso de grasa que se ha formado en la superficie de un líquido.

DESHUESAR: Operación que consiste en sacar los huesos de una carne, ave y otra consistencia alimenticia con hueso.

DESGLASEAR: Operación que consiste en vaciar un líquido cualquiera en el recipiente donde se ha cocido con mantequilla y otra grasa.

DESMOLDAR: Acción de voltear un molde para sacar su contenido.

DESPELLEJAR: Quitar el pellejo de las almendras, pollos etc.

DURAZNO: Melocotón.

EMPANAR: Cubrir con migas de pan o pan rallado carnes, pescados, legumbres, etc.

ENFUNDAR: Tapizar el interior de un molde con una capa de pasta. También se le llama enfundar cuando se cubre una terrina con tocino antes de poner el relleno.

ENGRASAR: Untar con grasa un molde.

ENHARINAR: Espolvorear con harina.

ENTRADAS: En un menú, es el plato que se sirve entre la sopa y plato principal.

ENTREMESES: Plato servido antes de la sopa, que se dice también por los postres tipo baveresa.

ENVOLVER: Unir suavemente un batido con otro.

ESENCIA: Líquido generalmente aceitoso y volátil contenido por destilación de sustancias vegetales o frutales.

ESPOLVOREAR: Rociar por encima con especias, sal, harina o azúcar.

ESTOFAR: Sistema de cocción lento en recipiente tapado donde se saltea el elemento previamente.

FILETE: Trozo de carne o pescado cortado fino y en forma de lámina.

FILETEAR: Separar los filetes de pescado de sus espinas.

FINAS HIERBAS: Conjunto de hierbas.

FLAMEAR: Rociar un plato o postre con licor espiritoso y encenderlo.

FRUTILLAS: Fresas

FRUTOS DEL MAR O MARISCOS: Diversos crustáceos o conchas que sirven juntos cocidos o crudos.

FUMET: Voz francesa que se aplica a los líquidos mas o menos concentrados, en los que se ha cocido pescado, setas, trufas, etc.

FUNDIR: Derretir una sustancia al fuego.

GELATINA: Grenetina.

GLASA DE CARNE: Jugo de carne reducido.

GLASEAR: En pastelería cubrir un pastel glaseado, también espolvorear con azúcar glass y poner en el horno a dorar. En cocina, cubrir un plato con mantequilla fundida o huevos, también poner una cacerola con agua, una legumbre con mantequilla, azúcar, sal y cocinarlo hasta su coloración.

GRATINAR: Dorar los platos en el horno después de haberlos espolvoreado con queso rallado o pan.

GUARNICIÓN: Alimentos que sirven para adornar un plato o aumentar la porción.

INCORPORAR: Adicionar, añadir.

INCISIÓN: Corte poco profundo que se hace sobre los pescados.

INFUSIÓN: Meter una sustancia cualquiera en un líquido hirviendo con el fin de aromatizarlo.

JENJIBRE: Kión.

JUGO: Extracto líquido de una carne, un pescado, una legumbre o una fruta.

JULIANA: Juliana se define a la técnica de cocina que consiste en la forma en que se cortan ciertas verduras en tiras alargadas y muy finas. Forma en que se cortan ciertas verduras en tiras alargadas y muy finas.

LAMINAR: Cortar láminas o rebanadas muy finas.

LIGAZÓN: Todo lo que sirve para espesar y dar mas consistencia a una salsa.

MACEDONIA: Mezcla de verduras o frutas cortadas en pequeños dados de 2x2 cm.

MAJAR: Machacar y aplastar en el mortero un alimento determinado hasta reducirlo a masa fina.

MANTECA: Mantequilla.

MARINAR: Cuando se pone carne, pescado o legumbre en un líquido aromatizado y avinagrado.

MECHAR. Traspasar las carnes en una especie de punzón o aguja especial para introducirles tiras de jamón, tocino o trufas.

MEDALLÓN: Diferentes artículos que por definición se cortan de manera redonda u oval.

MENUDENCIAS: Parte y órganos de animales.

MEZCLUM: Mezcla de variedad de lechugas.

MIREPOIX: Voz francesa que se da a las guarniciones que entran en diferentes platillos o fondo de base de 1 cm^3.

MOLDE: Recipiente de diversas formas y materiales que se emplea en cocina y pastelería.

NAPAR: Extender sobre un alimento o sobre un pastel, una capa de salsa o de crema para cubrir completamente.

PAISANA: Corte de verdura en forma de triángulo.

PAPAYA: Mamón.

PIZCA: Pequeñas cantidades de especias o sazonadores que se ponen en elementos.

POROTOS: Frijoles.

PURÉ: Preparación obtenida aplastando o pasando por máquinas especial.

RALLAR: Raspar por el rallador o pasando por máquina especial.

RASPAR: Frotar con un cuchillo la cáscara de un limón naranja, sin llegar a la piel blanca que es amarga.

REBANAR: Hacer rebanadas. Cortes o dividir un alimento de una parte a otra.

REDUCCIÓN: Acción de reducir por evaporación el volumen de un líquido.

REFRIGERAR: Enfriamiento de alimento por debajo de la temperatura ambiente.

REHOGAR: Cocer suavemente una vianda basándose en grasa, dándole vueltas hasta que tome color.

RELLENAR: Llenar con farsa o con alguna otra composición, el interior de un pescado, caza, ave, carne abierto o legumbre.

SALPIMENTAR: Condimentar con sal y pimienta.

SALSA INGLESA: Salsa industrial, (salsa fermentada para diferentes preparaciones).

SALSEAR: Cubrir los manares con su correspondiente salsa.

SANCOCHAR: Cocer ligeramente un manjar dejándolo medio crudo.

SINGER: Vos francesa que significa agregar harina durante el cocimiento de un plato con el fin de ligarlo.

SOASAR: Asar ligeramente.

SOBRANTES: Nombre que se la da a los alimentos que quedan de una comida.

SOFREIR: Freír los alimentos a fuego suave hasta que tome buen color dorado y desprendan del aceite.

SUDAR: Colocar una carne, verdura o pescado con grasa en una cacerola cubierta y cocer lentamente.

TORNEAR Por medio de un cuchillo o utensilio dar forma.

TOSTAR: Dorar al horno o por medio de brasas, comúnmente de hace en el grill. Los alimentos se cubren de una capa dorada.

TABAJAR: Ligar una salsa una crema y otro líquido.

TOMATE: Jitomate.

VACIAR: Limpiar el interior de un ave, caza o pescado.

VINAGRE DE MANZANAS: Vinagre de sidra

ZAPALLO: Calabaza

BIBLIOGARFIA

- PROFAM: "Riesgo cardiovascular y enfermedad coronaria" Rubinstein E., Zárate M., Carrete P., Deprati M.—Capítulo 3: "Diabetes"—3° ed.—Fundación MF—Buenos Aires, Argentina—2007.
- Rubisntein A., Terrasa S.—"Medicina Familiar y práctica ambulatoria"—2° ed.—Editorial Médica Panamericana—Buenos Aires, Argentina—2006.
- Giannaula C., Ruíz M. L., Ruíz M.—Fundación Favaloro—"Guía completa para controlar la Diabetes"—1° ed.—Evia Ediciones—Buenos Aires, Argentina—2003.
- Bowlling S.—"Cocina diaria para diabéticos"—Única edición—Editorial Albatros—Buenos Aires, Argentina—1996.
- Ang G.—"Alimentos que curan, alimentos que dañan"—Única edición—Editorial Reader's Digest—México—1997.
- Revista "CELI&CO"—Año 4—Numero 14—Buenos Aires, Argentina—Marzo 2009.
- Folletería de la Asociación Americana de Diabetes.
- Colección "Vida sana y medicina natural"—"Guía para vivir mejor"—Editorial Sol90—Barcelona—2005.
- "Manual de los sabores"—Editorial planeta S.I.C.I—2005.
- La alimentación por el color—RBA libros S.A.
- Páginas web:

    1—www.alimentacion-sana.org/tablas.
    2—www.cocina2.com/glosario.
    3—Diabetic Gourmet Magazine—http://gourmetconnection.com/diabetic/

CPSIA information can be obtained at www.ICGtesting.com
Printed in the USA
270183BV00002B/78/P